国家出版基金项目
NATIONAL PUBLICATION FOUNDATION

"十三五"国家重点出版物出版规划项目—新时期产业工人队伍建设改革研究丛书

产业工人转型与发展

基于煤炭产业供给侧结构性改革的研究

叶鹏飞 窦学伟 胡玉玲 著

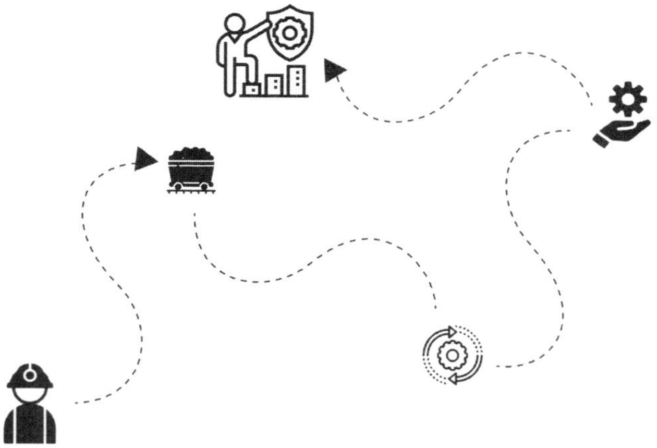

中国工人出版社

图书在版编目（CIP）数据

产业工人转型与发展：基于煤炭产业供给侧结构性改革的研究 / 叶鹏飞等著.
—北京：中国工人出版社，2021.12
ISBN 978-7-5008-7797-4

Ⅰ. ①产… Ⅱ. ①叶… Ⅲ. ①煤炭工业—产业工人—劳动就业—研究—中国
Ⅳ. ①F426.21

中国版本图书馆CIP数据核字（2021）第248120号

产业工人转型与发展：基于煤炭产业供给侧结构性改革的研究

出 版 人	王娇萍
责任编辑	罗荣波　许小凡
责任印制	栾征宇
出版发行	中国工人出版社
地　　址	北京市东城区鼓楼外大街45号　邮编：100120
网　　址	http://www.wp-china.com
电　　话	（010）62005043（总编室） （010）62005039（印制管理中心） （010）62382916（工会与劳动关系分社）
发行热线	（010）82029051　62383056
经　　销	各地书店
印　　刷	三河市东方印刷有限公司
开　　本	700毫米×1000毫米　1/16
印　　张	13.25
字　　数	160千字
版　　次	2022年2月第1版　2022年2月第1次印刷
定　　价	68.00元

序

在全面建成小康社会的基础上，中国社会进入全面建设社会主义现代化强国的新阶段，经济社会发展面临很多新的任务和要求。党和国家坚持全面深化改革，先后提出建设制造强国、建设现代化经济体系、建设技能型社会等战略目标，致力于推动经济社会转型发展，在高质量发展中促进共同富裕。这些战略目标的实现，最终都聚焦在人才支撑上。伟大的事业要依靠高素质的劳动者，伟大的事业也是要让劳动者获得全面发展。作为工人阶级的主体力量，产业工人在创造社会财富、推进经济社会高质量发展中发挥着重要作用。但是在经济结构转型升级、社会结构优化发展的进程中，产业工人也在技能养成、地位变化、职业发展等领域面临全方位挑战。转型与发展成为中国社会向产业工人特别是传统产业工人提出的重要时代命题。

我们在煤炭企业进行调研的时候，正逢这一产业的供给侧结构性改革处于加速推进过程中，为我们提供了观察产业工人转型发展的一个有效窗口。煤炭是中国最重要的基础能源，但在能源革命的背景下，煤炭产业亟须转向高质量发展，推动产业高端化、智能化、绿色化，发展清洁能源。在这个过程中，传统岗位的技术升级和智能化改造、新兴技术性岗位的开发与设置，使煤炭产业出现新的发展空间。而对于煤炭产业工人来说，一方面是新的职业机会不断涌现，职业岗位的技术含量和内在价值不断提升；另一方面则是传统低技术岗位被不断替代，新兴岗位对知识和技能的要求越来越高。煤炭产业的转型革命和煤炭工人的转型发展，集中反映了当前中国经济结构优化和产业工人队伍建设的诸多问题。

本书在煤炭产业供给侧结构性改革和转型升级的背景下，聚焦高素质产业工人队伍从何而来的核心问题，探讨煤炭产业工人转型发展的基本方式和路径。通过座谈、访谈和问卷调查收集相关数据，本书呈现了煤炭产业工人在人口学特征、技术技能素质、劳动经济权益、思想动态等方面的基本状况，并简要归纳了这一群体面临的主要现实挑战。在此基础上，本书从三个维度来分析产业工人的转型发展问题，即技能升级、教育转型和地位发展。技能升级主要针对存量的煤炭产业工人，探讨技能培训、学徒制、劳动和技能竞赛等基本形式；教育转型主要针对新煤炭产业工人，集中探讨煤炭职业教育的现状、困境与发展；地位发展主要针对产业工人的职业发展问题，探讨这一群体职业地位提升的困境、根源和路径。三个维度的分析试图回应“人们为什么要当工人”和“工人为什么要学技术”的产业工人队伍建设问题，最终落脚在发展高质量职业教育、推动产业工人职业技能提升、保障产业工人合法权益、营造以劳动为中心的社会氛围等实践路径上。最后，本书以一个传统煤炭企业转型发展的案例来呈现产业升级和工人转型的变化过程。

通过在煤炭产业部门实地调查获得的资料以及对相关文献的收集整理，本书将产业工人队伍建设这一宏大时代命题的讨论落实到具体的实践领域，从而能够较为细致地观察变迁中的挑战和机遇。在新的发展阶段，煤炭产业的转型发展体现了很多时代变迁中的共同特征，这对我们认识当下中国经济和社会结构的优化发展是有一定借鉴意义的。

在产业工人转型发展的问题上，本书强调提升产业工人的技术技能素质以支撑国家的现代化建设，同时更强调在建设现代化强国的过程中促进产业工人的体面劳动和全面发展。以劳动为中心，尊重劳动者，弘扬劳模精神、劳动精神、工匠精神，应该成为我们这个时代的主旋律。

本书的研究还有很多不足，希望读者朋友能够提出宝贵意见，同时更希望朋友们在经济社会大改革、大发展的时期更多地关注产业工人的转型和发展问题。

本书作者

2021 年 10 月于北京

目　录

第一章　导　论

一、问题的提出　3

二、概念与文献　8

三、内容结构　19

第二章　转型背景：煤炭产业的供给侧结构性改革

一、中国煤炭产业概况　23

二、煤炭产业改革的历史背景　33

三、煤炭产业结构的转型升级　40

第三章　转型基础：产业工人的现状与挑战

一、调查基本情况　49

二、煤炭产业工人的基本状况　51

三、煤炭产业工人发展面临的挑战　68

第四章 技能升级：产业工人的技能养成体系
一、技术技能培训 81
二、学徒制 90
三、劳动竞赛与职工创新工作室 100
四、安全教育和管理 104

第五章 教育转型：职业教育的困境与调整
一、煤炭职业教育的状况 114
二、煤炭职业教育的问题与困境 120
三、煤炭职业教育的转型与发展 124

第六章 地位发展：产业工人职业地位提升
一、职业地位提升的困境 133
二、观念与制度根源 139
三、职业地位的提升路径 144

第七章 转型与发展：培养新时代产业工人
一、发展高质量职业教育 152
二、推动产业工人职业技能提升 155
三、保障产业工人合法权益 159
四、营造以劳动为中心的社会氛围 161

第八章　典型案例：PT 公司的产业转型和技能人才建设
一、产品与技术转型 168
二、产业工人的技能形成 176
三、问题与对策 185

参考文献 189

后　记 199

第一章

导　论

2021 年 3 月 11 日，十三届全国人大四次会议表决通过《中华人民共和国国民经济和社会发展第十四个五年规划和 2035 年远景目标纲要》，描绘了我国开启全面建设社会主义现代化国家新征程的宏伟蓝图。在新的发展阶段，推动经济结构优化和产业转型升级、建设现代化经济体系是国家发展的基本目标之一。这一目标的实现，需要一支高水平的人才队伍提供支撑，其中包括加强应用型、技能型人才培养，打造高素质的产业工人队伍。技能型人才的培养有两条基本路径：一是新技工的培养，即需要高度重视职业教育，支持和引导更多年轻人走技能成才的道路；二是存量产业工人的转型升级，即需要高度重视技能培训，努力提升劳动者的技术技能素质。对于产业工人而言，实现技能提升和向技能型人才的转型，既适应了当前国家产业结构转型升级的需要，也是获得自身职业地位提升的基本途径。本章聚焦产业工人的转型发展，呈现我国经济社会发展过程中技能人才需求与供给之间的矛盾，由此阐明该研究主题的重大现实意义。

一、问题的提出

美国、德国和日本等一流工业强国之所以能够一直引领技术创新，根本的原因之一是建立了先进的高水平人才培养体系，为技术创新提供了不竭的动力。在中国经济进入新常态的发展趋势下，增长速度变化、经济结构优化、发展动力转化成为三大基本特征，结构性改革成为目前改革的主要方向，是中国经济发展无法回避、必须进行的一场转变。同时，社会结构的发展和改善、中等收入群体的大幅提升，也是建设社会主义现代化强国的必然要求。经济社会领域的深刻变革，构成了推动新时代产业工人队伍建设、培养高技能人才队伍的基本背景。

首先是经济结构的重大调整。经济新常态与一系列结构性问题密切相关。在人口结构上，2013 年至 2020 年我国 16 岁至 59 岁的劳动力人口逐年减少，反映到经济上就是劳动力成本逐渐上升，劳动力市场的结构性矛盾逐渐凸显。在产业结构上，我国工业实力强大，世界各国统计的重要工业产品中，我国多种产品的产量排在世界第一。但目前工业领域仍然缺少创新和核心技术，可以说是一种大而不强的状态。第三产业在整个国民经济中的比重逐年增加，但是离发达国家还有不小的差距，特别是在高端服务业领域差距比较明显。在这种情况下，就必须坚持把改革发力点转到调整经济结构上，在保持总量增长的同时，实现产业升级和结构优化。2015 年 5 月 8 日，国务院发布《中国制造 2025》，提出要从制造业大国向制造业强国转变，加快制造业转型升级，全面提高发展质量和核心竞争力。2017 年 10 月，党的十九大报告指出，加快建设制造强国，加快发展先进制造业，推动互联网、大数据、人工智能和实体经济深度融合，在中高端消费、创新引领、绿色低碳、共享经济、现代供应链、人力资本服务等领域培育新增长点、形成新动能。《中华人民共和国国民经济和社会发展第十四个五年规划和 2035 年远景目标纲要》中也明确提出，要“坚持把发展经济着力点放在实体经济上，加快推进制造强国、质量强国建设，促进先进制造业和现代服务业深度融合，强化基础设施支撑引领作用，构建实体经济、科技创新、现代金融、人力资源协同发展的现代产业体系”。

无论是传统产业转型升级还是新兴产业的发展壮大，都离不开人才的支撑。在2017年6月中共中央、国务院印发的《新时期产业工人队伍建设改革方案》中明确提出，“产业工人是创造社会财富的中坚力量，是创新驱动发展的骨干力量，是实施制造强国战略的有生力量”，要“把产业工人队伍建设作为实施科教兴国战略、人才强国战略、创新驱动发展战略的重要支撑和基础保障，纳入国家和地方经济社会发展规划”，造就一支有理想守信念、懂技术会创新、敢担当讲奉献的宏大的产业工人队伍。当然，对于高水平人才队伍的重视并非肇始于此。早在2010年6月，中共中央、国务院印发《国家中长期人才发展规划纲要（2010—2020年）》，提出要统筹推进六类人才队伍建设，其中一支就是高技能人才队伍。2011年7月6日，中央组织部、人力资源和社会保障部发布《高技能人才队伍建设中长期规划（2010—2020年）》，提出适应走新型工业化道路和产业结构优化升级的要求，培养造就一大批具有精湛技艺的高技能人才。2016年5月，中共中央、国务院发布《国家创新驱动发展战略纲要》，在人才培养方面也提出“倡导崇尚技能、精益求精的职业精神，在各行各业大规模培养高级技师、技术工人等高技能人才”。

其次是社会结构的调整和改善。中等收入群体占主体的橄榄型社会结构通常被认为是最稳定的，庞大的中产阶层能对社会冲突起到较强的缓冲作用。我国的社会结构传统上被看作金字塔型的社会结构，从底层到上层逐渐减少，底层群体比例最大。李强更是提出“土”字型结构的论断[①]，认为整个社会的中等收入群体还不大，农民群体中的绝大多数人、产业工人队伍中的大部分人都处于收入较低的位置。在2016年5月16日召开的中央财经领导小组第

① 李强．中国离橄榄型社会还有多远——对于中产阶层发展的社会学分析［J］．探索与争鸣，2016（8）：4–11+2.

十三次会议上，习近平总书记指出，扩大中等收入群体，关系全面建成小康社会目标的实现，是转方式调结构的必然要求，是维护社会和谐稳定、国家长治久安的必然要求。2016 年 10 月 10 日，《国务院关于激发重点群体活力带动城乡居民增收的实施意见》出台，提出要不断培育和扩大中等收入群体，逐步形成合理有序的收入分配格局等目标。2021 年 8 月 17 日，习近平总书记主持召开中央财经委员会第十次会议，提出要扩大中等收入群体比重，增加低收入群体收入，合理调节高收入，取缔非法收入，形成中间大、两头小的橄榄型分配结构；要着力扩大中等收入群体规模，抓住重点、精准施策，推动更多低收入人群迈入中等收入行列。在优化社会结构的目标下，提高中等收入群体的比重应当从何处着手？一个重要的途径就是产业工人队伍建设，提高技术技能价值，通过培养更多高技能的产业工人，使他们成为中国未来社会的中等收入群体。

最后是共同富裕的本质和目标。新发展理念的重要内涵之一是共享，即强调全体人民共享改革发展成果。在改革开放 40 多年的快速发展中，工人阶级特别是广大农民工作出了巨大贡献，必须保障他们能够共享繁荣成果。2016 年 3 月“两会”期间，习近平总书记参加上海团审议时，上海电气液压气动公司总工艺师李斌向总书记汇报了加强技工队伍建设的思考和建议。习近平总书记在讲话中强调，我们要想办法调动一线工人、制造业工人、农民工的积极性，这也是社会主义的本质要求。工人阶级是主人翁，主人翁的地位要体现出来。2021 年 8 月召开的中央财经委员会第十次会议，更是围绕促进共同富裕问题进行了专门研究，提出共同富裕是社会主义的本质要求，要在高质量发展中促进共同富裕，正确处理效率和公平的关系，构建初次分配、再分配、三次分配协调配套的基础性制度安排等。共同富裕意味着产业工人要在社会经济地位上实现明显提升，而这很大程度上将依赖于他们职业地位的提升。

在上述时代背景之下，国家对高素质产业工人队伍的需求非常迫切，人才培养的任务也相当艰巨，这与目前产业工人队伍的整体状况形成鲜明的反差。据统计，我国目前技术工人的求人倍率超过 1.5∶1，高技能工人高达 2∶1，高端技术工人需求缺口一直居高不下；在全国 7.7 亿名就业人员中，技术工人 1.65 亿人，占就业人员的 20%，其中高技能人才 4700 多万人，只占就业人员的 6%，两项比例都比较低。[①] 据全国职工队伍状况调查显示，无技术等级的比例达 72.8%，没有专业技术职称的达 61.3%，有高级职称的职工仅为 4.5%；在非公企业、小微企业，技术工人更是严重匮乏。[②] 这种需求与供给之间的尖锐矛盾，凸显了高素质产业工人队伍特别是高技能人才培养的重大意义。

由此产生的核心问题是：高素质的产业工人队伍从何而来？一方面，要有大量高素质的劳动者进入产业工人队伍，特别是年轻人愿意走上技能成才的道路；另一方面，现有的产业工人队伍特别是其中占比达到 60% 的农民工群体能够通过职业技能培训转型成为高技能劳动者。在实践过程中，这两条路径依然面临一些需要解决的关键问题。第一个关键问题是人们为什么要当工人。目前产业工人、技能型职业的吸引力非常不足，年轻人不愿意进职业学校、不愿意当工人的现象非常普遍。第二个关键问题是工人为什么要学技

① 全国总工会课题组 . 深入学习贯彻习近平总书记关于工人阶级和工会工作的重要论述［M］. 北京：中国工人出版社，2021:51.

② 全国总工会课题组 . 深入学习贯彻习近平总书记关于工人阶级和工会工作的重要论述［M］. 北京：中国工人出版社，2021:51.

术。在很多企业中，技术技能往往不能为工人带来足够的回报，从而导致很多工人在学习技能、获取职业资格证书和技能等级证书上的主动性并不高。

本书在煤炭产业供给侧结构性改革的背景下，以煤炭产业工人的转型发展为例，回应上述高素质产业工人队伍的培养问题。我国煤炭行业是典型的传统产业，煤炭工人也是传统产业工人的典型代表。在国家能源发展处于转型变革的历史时期，煤炭行业的转型升级也在加速推进当中。一方面，淘汰落后产能将使煤炭生产向大型煤炭基地集中，提高产业集中度，提升煤炭工业的规模化、机械化、现代化水平；另一方面，煤炭行业将优化产业结构，在做优做强煤炭主业的基础上，发展煤炭上下游产业，特别是以技术创新为支撑，走清洁能源之路，发展高端煤化工产品。随着智能化水平提高、自动化装备的大量投入使用，“机器换人”将是无法回避的一个问题，部分劳动者也可能面临分流、转岗和失业的问题。煤炭工人不仅要不断提升技术技能以适应煤炭行业转型升级的需要，而且也不可避免地在劳动经济权益上面临更多的挑战。因此，如何通过技术技能培训使他们能够适应技术升级后的岗位需要，如何为新兴技术型岗位培养新型技能型煤炭工人，如何解决技术技能型工人的待遇和激励问题，等等，这些集中反映了我国产业工人的转型和发展问题。

二、概念与文献

（一）产业工人概念的梳理

产业工人概念在使用过程中没有形成一个完全一致的解释，不同角度的理解存在一定的差异，但同时具有一些共同的要素和特征。

辞书中的概念是比较基本的参照。在《辞海》中，关于“产业工人”的定义是，“在现代工厂、矿山、交通运输业等企业中从事集体生产劳动，以工资收入为生活来源的工人。是先进生产力的代表者，他们最富于组织性、纪律性和革命性，最能代表工人阶级的特性，是工人阶级的主力和骨干”[①]。《当代汉语词典》将“产业工人”定义为“在现代工业生产部门如矿山、纺织、交通运输等企业中劳动，并以工资收入为生活来源的工人”[②]。全国总工会根据我国产业分工和发展变化的情况，将我国新时期的产业工人定义为：“我国产业工人主要是指在第一产业的农场、林场，第二产业的采矿业、制造业、建筑业和电力、热气、燃气及水生产和供应业，以及第三产业的交通运输、仓储及邮政业和信息传输、软件和信息技术服务等行业中从事集体生产劳动，以工资收入为生活来源的工人。”[③]

从社会学的角度看，职业和收入是划分社会阶层的两个基本因素。陆学艺教授认为当代中国社会的阶层分化越来越表现为对职业的划分，体力劳动与非体力劳动之间、管理者与非管理者之间的社会经济差异不断扩大。他以职业分类为基础，以组织资源、经济资源和文化资源占有状况为标准，将中国社会群体划分为五个等级、十个阶层，十个阶层分别为“国家与社会管理者阶层，经理人员阶层，私营企业主阶层，专业技术人员阶层，办事人员阶层，个体工商户阶层，商务服务业员工阶层，产业工人阶层，农业劳动者阶

① 辞海普及本（上）（第六版）[M]. 上海：上海辞书出版社，2009:402.

② 当代汉语词典 [M]. 北京：中华书局，2009:165.

③ 李玉赋. 新的使命和担当：《新时期产业工人队伍建设改革方案》解读 [M]. 北京：中国工人出版社，2017:25.

层，城乡无业、失业、半失业者阶层”。其中“产业工人阶层”是指“在第二产业中从事体力、半体力劳动的生产工人、建筑业工人及相关人员”，是“近代以来中国经济社会发展特别是社会化大生产的产物”[①]。杨超的划分与此类似，他认为“就职业而言，产业工人处于社会化大生产的最前沿，是现代工厂、矿山、交通运输等企业中直接从事生产劳动的生产工人，他们是大多数工业品的直接生产者。就收入状况而言，产业工人的收入虽然在不同的行业、不同的单位之间存在着差异，甚至是不小的差异，但就总体而言他们都主要是以体力或半体力劳动获取工资收入的工薪阶层，在管理与被管理关系中属于被管理者”[②]。

在上述不同的阐释中，涉及对传统产业工人内涵理解的一些关键要素，比如与社会化大生产相联系、体力或半体力劳动、获取工资收入、被管理者等。但从“知识工人”的概念来看，产业工人也被认为不单纯是指体力或半体力的劳动者。在《中国企业报》的一篇文章中，提到“对于这一庞大的群体，按照其从事岗位的简繁程度，一般可以分为体力劳动型产业工人、知识技能型产业工人两大类”[③]。其背景就在于我国经济社会发展现代化、全球化和信息化水平稳步提高，新生代的产业工人在文化和劳动技能水平上都要高于上一代产业工人，在新兴产业中诞生了“知识工人”的类别。

本书在产业工人概念诞生和发展的基础上，结合新时期的产业发展和职业变迁情况，将“产业工人”界定为“在不同产业或行业中从事与社会化大生产相联系的集体劳动，以工资收入为主要生活来源的工人”，其本质属性是

① 陆学艺．当代中国社会阶层研究报告［M］．北京：社会科学文献出版社，2002:20.

② 杨超．产业工人的地位与劳动价值理论创新［J］．上海大学学报（社会科学版），2003（1）:15-19.

③ 龚友国．新产业工人接棒［N］．中国企业报，2011-12-30（A17）.

社会化大生产下的集体劳动。具体来看，“产业工人”的内涵有三点：第一，劳动形式一定是与社会化大生产相联系的集体劳动，也就是从事工厂化、规模化和机器化的生产劳动，产品和服务的完成过程是多人合作、分工协作式的。工厂化、规模化、机器化、集体化、协作化是社会化大生产所具有的一些基本特征。第二，劳动者的特征是以工资收入为主要生活来源，即在劳动关系当中属于被雇佣者，处于被管理、被指挥的位置，主要是通过劳动来获取报酬。第三，产业工人的岗位主要是直接生产人员或辅助生产人员，直接生产人员是在一线从事劳动生产的工人，辅助生产人员是指设备维修、检验、机修、仓储、运输等领域的不在生产线上劳动，但对产品生产起到一定帮助作用的相关工人。在产业工人的范畴中，不包括管理者和专业技术人员（知识分子）。

从数量来看，截至 2016 年，我国产业工人有 2 亿人左右，基本结构呈现出以下几个方面的特征：一是产业工人主体发生变化，农民工成为产业工人新兴主体，占六成左右。二是“80 后”成为产业工人的中坚力量，制造业及信息传输、软件和信息技术服务业中的主体力量是“80 后”产业工人群体。三是男女比例差距明显，超过八成的产业工人为男性。女性在制造业中比例最高，达到 40.7%。[①]

（二）关于产业工人地位的研究

在我国计划经济时期，企业职工能够享受到相对较高的福利待遇，并且在政治与意识形态上被赋予了领导阶级的地位，使工人阶级在整个社会阶级

① 李玉赋．新的使命和担当：《新时期产业工人队伍建设改革方案》解读［M］．北京：中国工人出版社，2017:25-26.

阶层结构中处于比较优越的位置。工人阶级能够获得更多的社会资源，在福利待遇、工资级别、入党、参军、上大学、就业等方面都与其他阶级阶层有着明显的区别，在社会交往以及婚姻等方面也与其他阶级阶层存在明显区别。工人特别是全民所有制企业的工人，因他们特殊的身份而有着其他阶级阶层无法比拟的优越感。①

改革开放后，计划经济体制时期形成的身份制与单位制逐渐解体，传统产业工人在资源再分配中的优越地位也逐渐下降，特别是农民工的社会经济地位长期处于低层位置，引起广泛的社会关注。从职业地位的层级来看，产业工人在职业结构体系中属于较低层次。李春玲在关于声望分层的研究中，根据 161 种职业的社会经济地位指数归纳出 24 个社会经济地位等级群体，产业工人位于第 19 位，比他们更低的主要是农业劳动者、个体劳动者、重体力劳动者、灵活就业劳动者等②。尽管近些年工人阶级的政治地位在国家话语层面得到更加突出的强调，但是农民工无论是客观社会经济地位还是主观社会声望都处于低层位置③。还有数据证明，教育结构的改善也未能真正提升农民工的社会地位④。即便是人力资本相对丰富的青年农民工，其职业地位始终较低，也没有出现明显的代际改善⑤。

---

① 吴清军．国企改制与传统产业工人的转型［D］．清华大学，2007.

② 李春玲．当代中国社会的声望分层——职业声望与社会经济地位指数测量［J］．社会学研究，2005（2）:74-102+244.

③ 叶鹏飞．新时期农民工群体的阶层地位及其保障［J］．四川大学学报（哲学社会科学版），2019（5）:162-170.

④ 田丰．逆成长：农民工社会经济地位的十年变化（2006—2015）［J］．社会学研究，2017（3）:121-143.

⑤ 杨菊华．“代际改善”还是“故事重复”？——青年流动人口职业地位纵向变动趋势研究［J］．中国青年研究，2014（7）:53-60.

从产业工人地位提升的影响因素来看，相关研究基本上涉及从宏观到微观等不同层次因素的探讨。有研究发现，受教育年限、非农就业经验积累等一些人力资本因素显著地影响了农民工从一般劳动力上升为技术精英或管理精英[①]。林南等人从社会资源和关系的角度分析了职业地位获得中的结构性因素[②]，李黎明、廖丽也证明使用“关系”的求职者更可能实现职业地位向上流动[③]，虽然这些研究并不是针对工人群体，但分析视角是值得借鉴的。任锋、杜海峰用这种视角来分析农民工群体，发现广泛的社会关系对农民工个体获得较高的职业地位具有正向的作用[④]。与此相关，社会资本、组织制度因素等也受到关注，在葛浩等人关于国企员工职业地位获得的研究中，强调国有企业整体组织制度的影响，个体的职业地位获得是在组织制度环境下的理性选择[⑤]。更多的研究围绕工人职业地位提升问题，试图建立涵盖多种因素的综合性解释框架，从中可以看到对一些比较典型的分析变量的论述。比如迁移时间对于农民工职业地位提升的影响[⑥]，教育程度和父亲职业地位对于个体职

---

① 石智雷．有多少农民工实现了职业上升？——人力资本、行业分割与农民工职业垂直流动［J］．人口与经济，2017（6）:90–104.

② 林南，沃尔特·M. 恩赛尔，约翰·C. 沃恩．社会资源和关系的力量：职业地位获得中的结构性因素［J］．国外社会学，1999（4）:14–25.

③ 李黎明，廖丽．教育成就变动、关系使用与职业地位获得［J］．东北大学学报（社会科学版），2019（5）:532–538.

④ 任锋，杜海峰．社会资本对受雇就业农民工职业地位获得的作用［J］．西北人口，2012（3）:61–65+69.

⑤ 葛浩，杨方，冯必扬．国有企业员工职业地位获得中的组织制度因素分析［J］．南京社会科学，2013（8）:69–75.

⑥ 周春芳，苏群，常雪．迁移时间是否有利于我国农民工职业地位的提升？——基于职业同化的视角［J］．南方人口，2019（6）:1–14.

业地位获得的效用分析[①]，技能拥有情况、成就动机、网络规模等对流动女性地位获得的影响[②]，社会经济特征和职业获得方式对快递小哥职业流动的显著影响[③]，等等。

在众多影响职业地位提升的因素中，由于产业工人职业的技能型特征，有必要突出对技能因素的关注。作为最重要的人力资本，技能水平通常被看作工人群体获得职业身份的重要基础，它对于地位获得和社会流动的影响也有一些专门的讨论。李强对技术型农民工的社会地位问题特别关注，认为要努力让这一群体能够进入中等社会阶层中，以改变中国整体社会结构所面临的下层过大的问题；而农民工群体要实现自身地位的上升，需要学习技术、获得技术职称认定，甚至是进入专业技术人员的行列当中[④]。王星在关于中国工厂师徒制变迁历程的著作中，认为师徒制既是一种职业身份形成方式，也是一种社会阶层流动机制[⑤]。李俊以职业类型的变化作为职业发展的衡量标准，研究了职业培训与新生代农民工的职业发展问题，也发现职业培训经历对于新生代农民工上升为专业技术人员来说具有非常明显的作用[⑥]。与此相关，劳动者的技能培养及其困境同样受到关注。有研究根据对技能大师群体的调查，

---

① 王存同，龙树勇 . 能力与出身：个体职业地位获得的机制分析［J］. 江淮论坛，2016（2）:132-137+157.

② 孙琼如 . 流动女性职业地位获得及其影响因素分析［J］. 人口学刊，2014（4）:43-51.

③ 王艺璇 . 城市快递小哥的职业流动及其影响因素——基于劳动力市场分割理论的实证研究［J］. 中国青年研究，2019（8）:12-18.

④ 李强 . 为什么农民工“有技术无地位”——技术工人转向中间阶层社会结构的战略探索［J］. 河北学刊 2010（6）:8-18.

⑤ 王星 . 技能形成的社会建构——中国工厂师徒制变迁历程的社会学分析［M］. 北京：社会科学文献出版社，2014.

⑥ 李俊 . 职业培训与新生代农民工的职业发展［J］. 中国青年研究，2014（12）: 52-58.

总结了技能大师培养中的关键因素，包括创新性的组织环境、学徒制度、团队合作、竞赛选拔机制等①。还有研究以日本松下电器公司为个案，探讨了以通用技术为核心内容的企业员工技能培养体系②。当然，在产业工人技能培养过程中也存在很多值得关注的问题。例如，陈小娟提到由于政府、企业、学校在高技能人才培养中并未形成多元协同配合机制，从而造成高技能人才培养的诸多困境③。

从目前的研究来看，关注更多的是工人个体的职业地位获取问题，以及在此基础上探讨不同层次的影响因素，而在产业工人、结构层次的整体分析上还有值得进一步探讨的空间。一方面，目前以产业工人群体作为具体对象的实践研究并不多见，特别是传统国有企业产业工人的地位变化问题，需要研究者给予更多的关注；另一方面，个体的地位获得固然重要，但在特定的时代背景下，产业工人作为社会群体的职业地位变化问题更是一个值得重视的结构性问题，体现了群体地位变动中最根本的障碍，需要研究者在实践基础上进行更为宏观和整体的分析。

（三）关于产业工人职业教育和技能形成的研究

西方技能形成理论将企业技能形成模式分为两类：一是通过劳动力市场

---

① 韩永强，彭舒婷．技能大师养成的关键因素及其启示——基于35位国家级技能大师的样本数据［J］．中国职业技术教育，2020（9）:42-47+59.

② 王筱宁，李忠．企业员工技能培养的实践逻辑——对日本松下电器公司的个案分析［J］．职业技术教育，2020（21）:24-30.

③ 陈小娟．产业升级视域下高技能人才培养的现状、困境与对策［J］．职业技术教育，2020（3）:36-40.

购买，即外部培训的模式；二是企业内部培训，由企业自我培训技能工人[①]。但在资本主义世界中，不同国家的技能形成方式是存在差异的，并且这种差异导致不同国家在创新模式上也存在不同[②]。Thelen 的著作非常详尽地分析了德国、英国、日本和美国技能形成体系的演化，认为不同国家的发展路径和劳资关系体系各不相同，但技能形成体系的制度设置在经济社会发展中的作用都是关键的[③]。本书基于技能型人才的培养路径，将产业工人技能形成方式划分为职业教育模式和技能培训模式两大类。两类模式都形成了比较完整的结构体系，也都有比较丰富的研究成果。

2019 年 1 月，国务院印发《国家职业教育改革实施方案》，提出随着我国进入新的发展阶段，产业升级和经济结构调整不断加快，各行各业对技术技能人才的需求越来越紧迫，职业教育的重要地位和作用越来越凸显。有些研究者将新中国成立后我国职业教育助推产业工人队伍建设的历史区分为三个阶段[④]。第一个阶段是 1949 年至 1978 年的起步时期。当时国家主要借鉴苏联经济的发展模式，重视重工业的发展。在 1953 年至 1957 年，多个部门急需 100 万名左右能够胜任技术类工作的工人[⑤]。国家开始在职业院校开设与产业

---

① 王星 . 劳动安全与技能养成——一种政治经济学的分析［J］. 江苏社会科学，2009（5）:107-113.

② 王星 . 技能形成的社会建构——中国工厂师徒制变迁历程的社会学分析［M］. 北京：社会科学文献出版社，2014:54-55.

③ Kathleen Thelen, How Institutions Evolve: The Political Economy of Skills in Germany, Britain, the United States, and Japan［M］, Cambridge University Press,2004.

④ 陆宇正，刘晓 . 职业教育助推产业工人队伍建设：命题解析与行动路径［J］. 中国职业技术教育，2020（18）:86-92+96.

⑤ 李百浩，彭秀涛，黄立 . 中国现代新兴工业城市规划的历史研究——以苏联援助的 156 项重点工程为中心［J］. 城市规划学刊，2006（4）:84-92.

发展相关的课程专业，标志着我国正式确立起以产业工人培育为目标的职业教育模式，这种职业教育体系从招生到就业都受到国家严格管控。这段时期，国家推动技工学校招生，加上工厂开始办学，全国一共建立起一千多家技工学校[①]。第二个阶段是1978年至2016年的调整改革时期。党的十一届三中全会之后，在改革开放、建设社会主义市场经济进程中，我国产业结构发生巨大改变，越来越多的技术性岗位也要求产业工人必须通过职业教育提升自身技能。同时，制造业工人主体由城镇居民转变为农民工，产业工人地位逐渐下降，传统职业教育体系受到较大冲击[②]。2005年10月，国务院颁布《关于大力发展职业教育的决定》，提出要提高技能型人才的社会地位和经济收入。2014年8月，教育部出台《关于开展现代学徒制试点工作的意见》，推动职业院校创新技能型人才的培养模式。第三个阶段是2016年至今的多元化时期。主要是为了实现由制造"大国"到制造"强国"的转型，党和国家出台了一系列产业工人队伍建设的相关政策，致力于全面提升产业工人队伍整体素质。2017年6月，中共中央、国务院印发《新时期产业工人队伍建设改革方案》，指出要统筹发展职业学校教育和职业培训，建立多方力量共同参与的职业教育培训体系。2018年3月，中共中央办公厅与国务院办公厅印发《关于提高技术工人待遇的意见》，提出要"把改革发展成果更多、更公平地惠及技术人才"。2019年5月，国务院办公厅印发《职业技能提升行动方案（2019—2021年）》，提出"持续开展职业技能提升行动，提高产业工人培养培训工作的针

① 张倩，宁永红，刘书晓.新中国成立以来的技工教育：历程、回归与超越［J］.中国职业技术教育，2017（24）:65-70+80.

② 蒋丹兴，杜连森.产业工人技能形成体系的历史分析与建设对策［J］.教育理论与实践，2018（30）:23-25.

对性及实效性”的决策部署。

职业教育和培训作为产业工人技能形成的重要途径，在一些发达国家形成了比较典型的模式，比如德国的“双元制”教育模式、日本的“产学合作”教育模式、美国的“生涯与技术教育”等。国内学者也特别强调职业教育对于产业工人培养的意义，比如李珂、张善柱从世界工业强国成熟的发展经验来考察，认为职业教育培训是培育高素质产业工人的制度路径[①]。赵磊、张瑞认为职业教育与产业发展关系密切，应积极发挥在新生代产业工人培养中的作用，通过合理设置培养目标与专业、动态调整培养方案与教学内容、加强师资队伍建设、搭建在线学习平台等，为新生代产业工人的培养提供路径[②]。

与发达国家成熟的技能养成体系不同，中国社会在转型时期面临着传统技能体系的解构和新体系的重构问题。蒋丹兴、杜连森探讨了传统的“双转制”产业工人技能形成体系在社会转型时期逐渐消解的现状，从面向“农民”、加强职业教育、建立“新型工厂师徒制”等角度提出了重新建构的一些思路[③]。刘玉照分析了在社会转型的背景下，中国传统的工人技能养成体系面临很大挑战，涉及农民工群体参加技能培训的回报不足、政府和企业参与培训的积极性不足等问题，进而提出横向协同治理的解决思路[④]。王永章谈到在经济新常态的发展阶段，中国产业工人面临新的转型，核心也是产业工人教

---

① 李珂，张善柱．高素质产业工人队伍建设发展的实践路径分析［J］．中国劳动关系学院学报，2017（1）:1–7.

② 赵磊，张瑞．新生代产业工人及其职业教育培养路径研究［J］．当代职业教育，2019（5）:99–104.

③ 蒋丹兴，杜连森．产业工人技能形成体系的历史分析与建设对策［J］．教育理论与实践，2018（30）:23–25.

④ 刘玉照．中国新产业工人技能养成难题［J］．探索与争鸣，2015（8）:35–37.

育的转型，使产业工人具备学习能力以适应新经济新环境的需要[①]。杨子舟针对我国产业工人队伍在新形势下所发生的巨大变化，提出要从技能投入、供应、使用和评价等方面构建新型技能形成体系[②]。王毅杰、董鹏用被访劳动者参加过专业技术培训的比例及比例增长率来衡量某个地区或行业的技能文化氛围，认为这种文化氛围能促进劳动者专业技能的获取[③]。

总体上看，技能形成方式对于国家经济增长和结构转型的作用广受关注，研究者在产业工人技能养成方面的研究相对比较丰富，对产业工人技能形成体系的演进及其在新时期面临的主要问题进行了较为充分的讨论。但在中国产业转型升级的大背景下，基于产业工人队伍本身的多样性，还需要针对传统产业工人、农民工产业工人、知识型产业工人等不同群体展开更多深入的实践性研究，在此基础上去思考中国产业工人的技能养成和职业发展问题。

三、内容结构

本书在内容上分四个部分，共八章。第一部分是研究问题和背景，主要是从产业工人队伍建设的经济社会背景出发，提出传统产业工人转型发展的关键问题，介绍相关领域的研究成果，阐述煤炭产业转型升级的改革背景。第二部分是产业工人如何转型发展的问题，讨论产业工人转型发展的基本内涵和路径。第三部分是总结分析部分，在前述讨论的基础上，对新时代高素

① 王永章．新常态下供给侧改革与中国产业工人转型发展［J］．河北学刊，2016（6）:130–134.

② 杨子舟．新型产业工人技能形成体系的构建研究［J］．职业技术教育，2019（13）:6–12.

③ 王毅杰，董鹏．制度文化认知与职业发展——对劳动者获取专业技能的社会学分析［J］．华东理工大学学报（社会科学版），2019（1）:21–31.

质产业工人培养的基本路径进行总结。第四部分是典型案例，通过描述一个传统煤炭企业向现代煤化工企业转型的变化过程，直观呈现在新的发展时期我国产业转型升级所带来的诸多变化。

产业工人如何转型发展是本研究的主体部分，本书用四章来进行论述。首先是对转型基础的讨论。基于在A省收集的实地调研资料，描述当前煤炭产业工人的基本状况，包括人口学特征、技能素质状况、劳动权益状况等，分析煤炭产业工人在职业发展和地位提升方面面临的困难和挑战，将这些内容作为讨论产业工人转型发展的基础和起点。其次是将产业工人的转型发展理解为三个维度或领域的变化，即技能升级、教育转型和地位发展。技能升级主要探讨在目前的煤炭产业中，煤炭产业工人在提升技术技能素质方面具有哪些基本途径，又产生了什么样的效果。教育转型主要分析煤炭职业教育体系的形成和变化，特别是这一体系在新时期所面临的困境以及如何转型的问题。这两章的内容对应了本书提出的两个基本问题，即传统产业工人的转型升级和新产业工人的培养问题。地位发展聚焦产业工人的职业地位提升问题，是产业工人技能升级的重要立足点。如果技能提升能够带动产业工人的职业发展，提升产业工人的社会经济地位，那么技能成才的道路就会成为更多劳动者的选择。

第二章

转型背景：煤炭产业的供给侧结构性改革

煤炭产业工人的生产生活及转型发展总是与煤炭产业的兴衰紧密相连。在中国经济社会发展过程中，煤炭是最重要的基础能源，其基础地位始终没有改变，煤炭产业也曾是我国经济发展的支柱产业之一。但作为传统能源产业，煤炭产业又面临化解过剩产能、淘汰落后产能、建设先进产能的艰巨任务。当前，在经济结构优化、产业转型升级、建设现代化经济体系的背景下，煤炭产业也进入能源革命的转型变革时期，聚焦高质量发展的时代主题，以深化供给侧结构性改革为主线，推动产业高端化、智能化、绿色化，构建绿色能源供应体系。煤炭产业的转型升级不仅提高了现有工作岗位对技术技能素质的要求，也开发出在能源勘探与开发、加工转化、运输与利用、技术开发和装备制造、节能减排等多个领域的新兴技术岗位，这是对煤炭产业工人转型发展的时代要求，也为产业工人职业发展打开新的空间。

一、中国煤炭产业概况

中国是世界上发现和使用煤炭最早的国家之一。据可查询的资料记载，大约在新石器时代，我们的祖先就发现并会使用煤炭，中华民族五千年文明的传承发展中，煤炭对社会经济发展始终发挥着重要作用。

（一）煤炭产业的基础地位

1. 煤炭资源储量丰富

能源是人类赖以生存的基本要素之一，是国民经济和社会发展的重要战略物资。能源可以分为一次能源和二次能源。一次能源是指天然能源，分为可再生能源（水能、风能及生物质能等）和非再生能源（煤炭、石油、天然气等），其中煤炭、石油和天然气三种能源是一次能源的核心，并成为全球能源的基础。二次能源是指由一次能源加工转换而成的能源产品，如电力、煤气、蒸汽及各种石油制品等。

一个国家能源的生产情况，既取决于能源政策和技术水平，也取决于该国赋存的、可开采的能源储量。富煤、贫油、少气，是我国能源资源的显著特点。我国煤炭资源总量丰富，据国家统计局数据显示，我国 2019 年煤炭资源储量达到 1.72 万亿吨，煤炭一直以来都为中国经济发展提供强大的能源后盾。我国煤炭资源品种丰富齐全，从煤炭资源品种赋存看，焦煤、气煤、肥煤、瘦煤、贫煤、无烟煤、不粘煤、弱粘煤、长焰煤、褐煤、天然焦等在我国均有分布。其中，焦煤主要分布在华东、华北等地区；无烟煤主要分布在西南、华北等地区；褐煤大部分分布在内蒙古东部和云南等地。

煤炭产业是典型的传统产业，我国经济发展的实践证明，煤炭始终是我国能源安全的基石，是支撑我国国民经济发展的最重要的基础能源。当前，我国已经形成煤、油、气、电、核、新能源和可再生能源等驱动的能源生产体系，但丰富的煤炭资源仍是我国能源资源的优势所在，是保障我国能源供应的基础，未来相当长时期内煤炭的基础地位不会变。

2. 煤炭资源应用广泛

煤炭产业作为国民经济的基础能源产业和重要工业原料，在我国经济运行实践中承担着能源供给“压舱石”的重要作用，是我国能源消费的主体。国家统计局数据显示，2018 年，我国平均每天能源消费量为 1292.8 万吨标准煤，其中煤炭每天消费量为 1088.9 万吨，占每天能源消费量的 84.2%；人均能源消费量为 3388 千克标准煤，其中人均煤炭消费量为 2854 千克。从生活能源的消费情况来看，2018 年我国生活能源消费量为 60436 万吨标准煤，其中生活煤炭消费量为 7714 万吨，占我国生活能源消费量的 12.8%；人均生活能源消费量为 434 千克标准煤，其中人均煤炭生活消费量为 55 千克。

煤炭应用范围极为广泛。2018 年，我国煤炭消费总量为 39.4 亿吨。从煤炭行业消费情况来看，工业煤炭消费总量为 38.1 万吨；农林牧副渔业煤炭消费总量为 0.24 亿吨；居民生活煤炭消费总量为 0.77 亿吨；批发和零售业，住宿和餐饮业，交通运输、仓储和邮政业，建筑业，以及其他行业煤炭消费总量约为 0.29 亿吨。可见，煤炭在我国工业、农业、生活服务业发展中的重要性不可替代。

3. 未来发展潜力较大

近年来，我国新能源的发展和技术进步使得下游煤耗下降，天然气、非石化能源在国内一次能源消费中的占比逐年提升。同时，能源减排及低碳转型对能源结构有一定影响，为实现“2030 年碳达峰、2060 年碳中和”的承诺，目前，各地都普遍计划“减煤”，尝试用油气替代煤炭，煤炭产业发展在一定程度上受到抑制。在我国贫油、少气的资源储量特点下，使用石油、天然气发电也存在一系列问题，如气源短缺、核心技术缺失、备品备件不足等问题还没得到有效解决；在“煤改气”过程中，甚至有的地方基本设备改造完毕之后，调试用的天然气都存在相对短缺的情况，成本也较高。可见，能源结构的转型发展还需要一个较长的过渡期，在过渡期内，煤炭资源关系到我国的能源安全稳定，一个阶段内煤炭作为能源支柱的地位不会动摇。

从未来发展来看，煤炭是可以洁净利用的能源。煤炭市场的严峻境况必然倒逼煤炭行业进行转型发展、优胜劣汰和产业升级。2013 年国务院出台大气污染防治“国十条”以来，我国一些煤炭企业围绕煤炭的高效利用、向清洁转化进行探索和创新，大气污染物排放指标远低于燃气发电大气污染物排放标准限值。国内部分燃煤电厂也开展了清洁燃煤发电技术改造工程建设工作，使烟尘、二氧化硫、氮氧化物、汞的排放可以达到排放标准。煤炭由黑色变绿色的过程，即不断增加产品的知识技术含量、提高附加值的过程，既是煤炭产业高质量发展的过程，也是煤炭清洁高效利用方向上的战略抉择。

党的十八大提出“把生态文明建设放在突出地位”“建设美丽中国”的要求，习近平总书记在 2014 年中央财经领导小组会议上强调“大力推进煤炭清洁高效利用”。李克强总理在 2014 年中国科学院、工程院院士大会上指出“实现经济提质增效升级，关键要靠创新驱动”。“十三五”期间，我国煤炭清洁生产水平明显提升，煤炭清洁生产机制不断完善，绿色开采技术得到推广，煤炭资源回收率显著提升。这些都充分肯定了煤炭产业在未来的社会发展中仍然大有可为，转变原有的增长方式，加快转型升级，向高效利用、清洁化方向发展是必然趋势。

（二）中国煤炭的生产和消费状况

1. 煤炭在一次能源生产总量中的占比情况

一次能源生产总量的构成是指原煤、原油、天然气、一次电力和其他能源占一次能源生产总量的比重，该指标可以反映煤炭生产情况。从能源生产来看，我国煤炭的比重长期保持在 70% 以上。根据国家统计局的数据，近 20 年来，我国煤炭占一次能源生产总量的比重可以分为两个阶段：前 10 年是稳步增长阶段，煤炭所占比重由 2000 年的 72.9% 增长到 2011 年的 77.8%，达到历史最高值，这 10 年正是我国煤炭产业发展的“黄金十年”；后 10 年则是逐步降低阶段，由 2011 年的 77.8% 降至 2020 年的 67.6%，煤炭产业进入缓慢发展阶段。（见图 2.1）

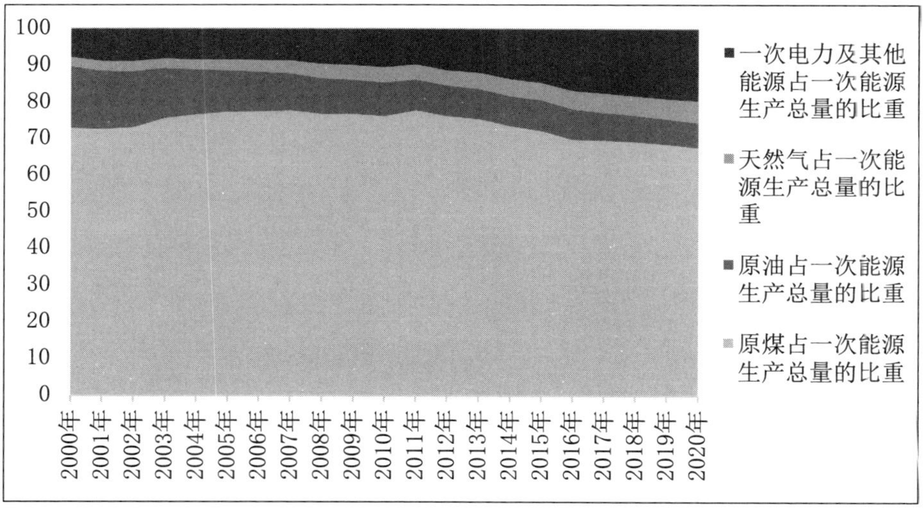

图 2.1　2000—2020 年我国一次能源生产总量的占比情况（%）

（数据来源：国家统计局官网）

“十一五”以来，在高速增长惯性发展思维的影响下，全国煤炭投资量大幅度增长。2002 年以来，全国原煤开采累计新增生产能力呈逐年上升趋势，且上升幅度明显。同时，煤炭市场供大于求与产能建设超前现象并存，导致煤炭库存大幅增加。2016 年 2 月，国务院出台的《关于煤炭行业化解过剩产能实现脱困发展的意见》明确了煤炭产业去产能目标，即从 2016 年开始，用三到五年的时间，退出产能 5 亿吨左右、减量重组 5 亿吨左右。自该文件出台以来，我国煤炭产业去产能工作成效显著，截至 2018 年底，累计化解过剩煤炭产能近 7 亿吨，基本实现三年“大头落地”的目标。但当前产能过剩的矛盾并未根除，结构性去产能任务依然严峻，已化解产能中的职工安置等问题进展缓慢。

2. 煤炭生产总量变化情况

新中国成立 70 多年来，煤炭产量的变化充分体现了我国经济发展对能源的巨大需求，同时反映了能源发展政策的变化。

1949 年至 1977 年是我国国民经济恢复和工业化建设时期。新中国成立之初，我国经济基础异常薄弱，国民经济百废待兴。1952 年我国国内生产总值 679.1 亿元，农业是国民经济的主体力量，工业化程度非常低。1953 年我国第一个五年计划明确了集中力量进行工业化建设和加快推进各经济领域的社会主义改造的发展任务，1956 年又提出优先发展重工业的产业发展战略，1957 年“一五”计划收官时，我国实现了国民经济的快速增长，并初步奠定了工业化基础。1977 年，我国国内生产总值达到 3250 亿元，第二产业占比由 1952 年的 20.8% 提高至 1977 年的 46.7%，在三类产业中由占比最低一跃成为占比最高的产业。

工业化建设时期，我国煤炭产业发生前所未有的变化。新中国成立初期，我国成立燃料工业部，全面管理全国煤炭、电力、石油生产建设，政府统一接手 40 多个煤矿企业、200 多处矿井和少数露天煤矿，并对其进行技术改造，逐步恢复全国煤矿的生产，煤矿生产能力显著提升。1949 年底，全国煤炭生产总量为 3243 万吨，到 1952 年我国原煤产量达到 6649 万吨，平均年增长率超过30%，经过三年的国民经济恢复期，我国煤炭生产初见成效，为经济发展奠定坚实的基础。1957年第一个五年计划结束时，我国原煤产量达到1.3亿吨，比1952年提高了96.6%。此后我国经历了“大跃进”运动，在国家“全民大办煤矿”的号召下，煤炭产量又实现大幅度增长，到1960年达到3.97亿吨，但终因采掘方式违背科学性而使生产能力遭到严重破坏，煤炭产量出现严重下挫，1962年的实际产量只有2.2亿吨，煤炭产业又重返萧条。此后，经过1963—1965年三年的国民经济整顿调整期，“三五”计划、“四五”计划制订和实施期，煤炭产业逐步恢复有序生产，虽然经历了“文化大革命”的影响，煤炭产量也有所提升。到1975年，我国原煤产量达到4.82亿吨，超额完成“四五”计划的目标任务。到1978年，我国原煤产量达到6.18亿吨。历经近30年的发展，我国煤炭产量在很大程度上满足了国民经济发展对煤炭的需求，奠定了煤炭产业在经济建设中的基础地位。

改革开放40多年来，我国经济建设取得举世瞩目的成就。1978年我国国内生产总值3678.7亿元，第一、第二、第三产业增加值占比分别为27.7%、47.7%、24.6%，我国实现了从农业大国向工业大国的历史性转变。2020年我国国内生产总值达到101.6万亿元，第一、第二和第三产业占比分别为7.7%、37.8%和54.5%，我国逐步形成以农业为基础、高新技术产业为先导、基础工业和制造业为支撑、服务业全面发展的产业格局。

改革开放以来，我国煤炭产业实现突破性发展。煤炭产量由1978年的6.2亿吨提高到2018年的37亿吨，供给保障能力跨越式提升，大型煤炭企业基本实现采煤机械化。1979年，煤炭工业部组织进行煤炭工业大调整，到1985年，我国原煤产量达到8.7亿吨，远超“六五”计划提出的7亿吨目标。1990年，我国现代化矿务局数量达到14个，质量标准化矿务局运到38

个，现代化矿井数量达到107个，质量标准化煤矿达到429个，在一定程度上提高了我国煤炭工作的整体效益，1990年全国煤炭产量达到10.8亿吨，顺利完成“七五”计划目标。此后，煤炭产业在转变机制和提升管理等方面取得一定成效，煤炭生产稳步增长，1995年煤炭产量为12.9亿吨，顺利完成“八五”计划目标。1997年东南亚金融危机的爆发使煤炭产业发展产生剧烈震荡，煤炭产量严重下挫，2000年全国煤炭产量为12.5亿吨，没有完成“九五”计划的产量目标。

进入21世纪后，在经济形势逐步好转、国家相关产业政策的良性驱动下，我国煤炭生产建设进入快车道。2005年，国务院颁发《关于促进煤炭工业健康发展的若干意见》，为煤炭产业的健康发展提供指导方针。同年，我国煤炭产量达到23.7亿吨，连续五年实现煤炭产量快速增长。2007年，我国煤炭工业“十一五”规划下发，煤炭产业整体水平又有提高。到2010年，我国建成千万吨级煤矿40处、120万吨以上大型煤矿661处、安全高效煤矿359处，全年实现煤炭产量34.3亿吨。2012年，“十二五”规划出台，随着煤炭产业投资增速的加大，生产能力得到快速提升，我国煤炭产量继续大幅度增长。到2013年，全国煤炭生产总量为39.7亿吨，达到历史最高点。但是从2014年开始，受我国煤炭市场需求较为低迷的影响，煤炭产量增速开始出现连续三年负增长的情况，到2018年，全国煤炭生产总量为37亿吨。（见图2.2）

3. 煤炭在能源消费总量中的占比情况

从能源消费总量来看，近20年来，我国煤炭占能源消费总量的比重呈现先增长后下降的趋势。2011年之前是稳步增长阶段，煤炭占能源消费比重基本保持在70%以上，2012年开始逐步降低，到2020年低至56.8%。（见图2.3）

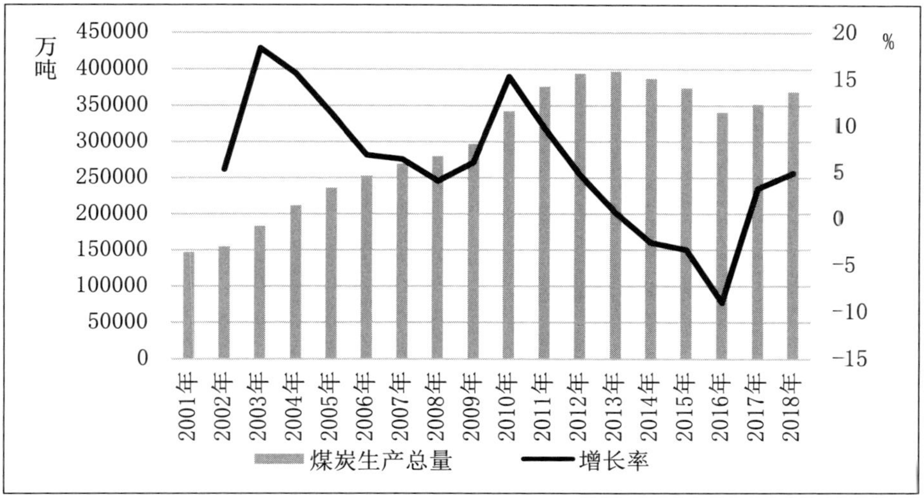

图 2.2　2001—2018 年我国煤炭生产总量变化情况

（数据来源：国家统计局官网）

近些年随着技术进步和环保理念的加强，我国能源结构调整步伐越来越快，我国可再生能源的开发取得前所未有的进步，天然气在一次能源消费结构中的比重越来越大，由 2001 年的 2.4% 增长至 2020 年的 8.4%；一次电力及其他能源占比也显著提升，由 2001 年的 8.4% 增长至 2020 年的 15.9%；煤炭在一次能源消费中的占比逐年下降，煤炭被其他能源替代的趋势较为明显。

4. 煤炭消费总量变化情况

近 20 年来，我国煤炭消费总量以较快的速度增加。21 世纪初的十年是煤炭产业发展的黄金期，特别是 2003—2005 年的增速更快，三年年平均增长速度接近 17%，2006—2009 年受全球金融危机的影响，国外需求急剧萎缩，煤炭出口量严重减少，同时国内经济增长缓慢，因此导致煤炭消费增速迅速降

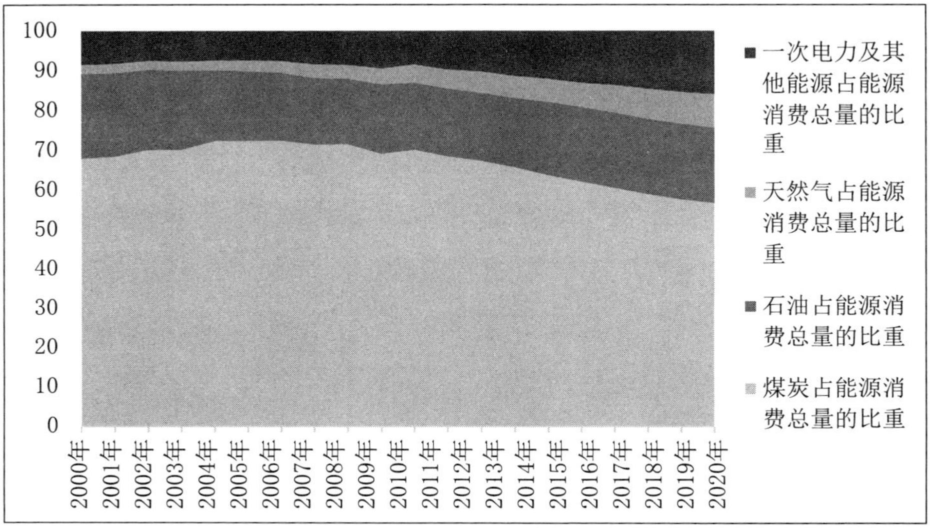

图 2.3　2001—2020 年我国能源消费总量的占比情况（%）

（数据来源：国家统计局官网）

低，这四年年平均增长速度为 5%。2010 年国内经济逐步回升，煤炭需求也明显增加，增长比例高达 18%，但随后又开始降低。

2012 年以来，我国煤炭需求进入增速放缓期。随着我国经济结构调整、能源生产和消费革命的持续推进，全国煤炭消费增速告别 21 世纪初的“十年黄金期”，增速大幅放缓，2014—2016 年甚至出现负增长。2017 年开始，虽然煤炭需求有所回暖，但也是低速增长。（见图 2.4）

从煤炭供需关系的角度来说，2016 年我国实施供给侧结构性改革，煤炭企业和煤矿数量大幅减少，产业供给格局大大改善。截至 2018 年底，全国煤矿数量已减少至 5800 处左右，年平均产能提高至 92 万吨左右，年产量 120 万吨以上的大型煤矿产量比重提高到 80% 以上，前 8 家大型煤企产量占比达到 40.5%。良好的供给秩序，使得供需关系保持总体平衡状态，2017 年和

2018年末全社会煤炭库存分别为1.88亿吨、1.95亿吨，库存水平大大降低，供需关系明显好转。

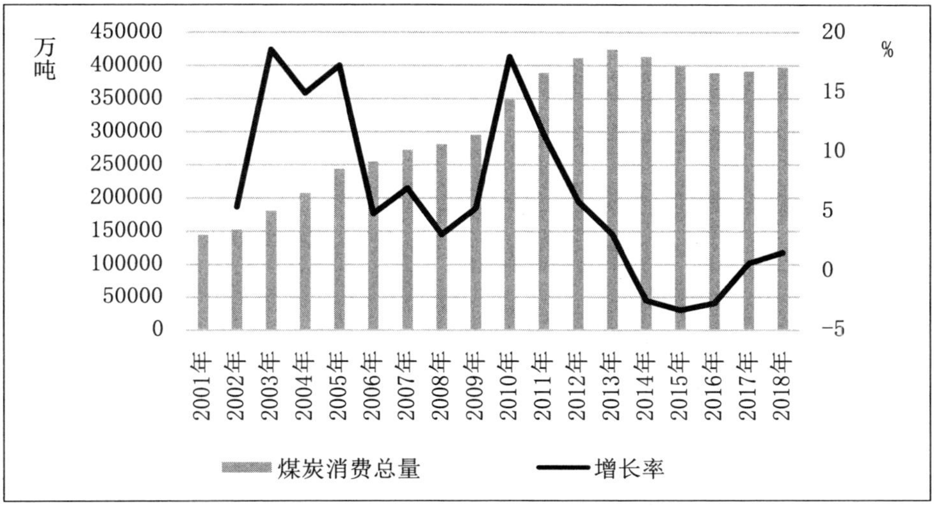

图2.4　2001—2018年我国煤炭消费总量变化情况

（数据来源：国家统计局官网）

二、煤炭产业改革的历史背景

新中国成立后，我国实行计划经济体制，煤炭作为一级统配物资由国家统购统销。改革开放后，我国经济建设速度加快，煤炭产业制定了“以一番保全国两番，由年产6亿吨增加到12亿吨”的战略发展目标，资本总量迅速提升。党的十四大确立了社会主义市场经济体制的改革目标，我国经济快速增长，工业化和城市化进程不断加快，煤炭需求持续增加，资本规模达到4172亿元。“十年黄金期”煤炭产业资本增长速度达到峰值，增长率为36.3%，2012年资本总量增长至44197亿元。2012年之后煤炭产业开始了深度调整，资本总量增长速度开始逐渐趋缓，截至2018年底煤炭产业资本总量为55089亿元。当前，我国宏观经济正处于增长速度换挡期和经济结构调整期，煤炭产业也面临新产业、新业态调整。

（一）经济社会发展环境

1. 经济由高速发展转向高质量发展

经济转型是一个国家或地区的经济结构和经济制度在一定时期内发生的根本变化，是经济结构的提升。2018年中央经济工作会议上提出，中国特色社会主义进入了新时代，我国经济发展也进入了新阶段，即由高速发展向高质量发展转变、由粗放型经营向集约型经营转变、由旧动能向新动能转变的转型升级。

我国早在20世纪90年代初就将生态环境保护明确为基本国策之一，要求"保护和改善生产环境与生态环境"。进入21世纪，经济发展的环保压力日益加大。煤炭生产与消费一直都是环保问题的源头，要求煤炭产业必须转变发展方式，实现绿色低碳发展。由于目前我国实体经济整体盈利水平还偏低，近年来更是面临动力不足、创新能力不强等一系列复杂问题。实行更加有利于实体经济发展的政策措施，是供给侧结构性改革的重要任务。[①]2020年底，我国煤炭产业累计退出煤矿约5500处，退出落后产能10亿吨/年以上，安置职工100万人左右，超额完成2016年国务院颁发的《关于煤炭行业化解过剩产能实现脱困发展的意见》提出的奋斗目标。

① 岳福斌.中国煤炭工业发展报告（2018）［R］.北京：社会科学文献出版社，2019：10–11+33.

2. 煤炭交易市场体系建设不断完善

煤炭产业发展与市场息息相关。尽管我国煤炭产业市场化改革起步较晚，但在经济体制市场化改革不断推进的过程中，尤其随着20世纪90年代市场经济体制改革方向的确立，煤炭经济体制也在改革大潮中逐步向市场化演变。2012年国务院办公厅发布《关于深化电煤市场化改革的指导意见》，标志着我国煤炭市场化改革进入快车道。

2012年国务院宣布取消电煤价格双轨制后，我国煤炭价格市场化改革有了质的突破，各类煤炭价格均实现市场化定价，交易模式也有了很大改进。特别是2016年实施煤炭产业供给侧结构性改革以来，“基础价 + 浮动价”定价模式得到广泛应用，这种定价模式反映了“价值决定价格”马克思主义商品价值理论的核心思想，也是化解煤炭价格长期大幅波动的有效机制。此外，我国煤炭“中长期”合同及履约制度的有效推广和不断完善，为我国煤炭产业的长期发展奠定了坚实基础。

随着互联网和信息技术的快速发展以及煤炭交易过程的信息化建设，煤炭通过电子平台进行挂牌协商、竞价等手段实现交易，为减少煤炭交易中间环节、降低交易成本、满足各种煤炭交易需求提供了便利、提高了效率。随着我国煤炭交易市场体系不断完善，煤炭价格指数体系逐步健全，煤炭市场运行机制、交易规则、监管体制也在逐步完善。我国煤炭产业市场逐步成熟，为推动我国煤炭产业缓解过剩产能、淘汰落后产能、提高供给质量提供了基础环境。

3. 煤炭基础设施建设有待加强

煤炭产业是集勘探开发、矿区建设、加工生产、物流运输等于一体的复杂的能源商品供应产业，高度依赖基础设施。特别是对于有着产需逆向分布特征的我国煤炭产业来说，尤其需要发达的铁路、公路、水路等运输系统来满足产品的运输需求，交通运输瓶颈往往会成为煤炭产业发展的重要制约。我国东北、西南等地区局部性、阶段性的煤炭供应紧张，很大程度上是因为运输能力不足。新疆地区尽管有着极为丰富的占全国煤炭预测储量 40% 的资源储备，但由于离主要消费地的运输距离太远且缺少完善的运输设施，现阶段很难实现大规模开发。即使南疆地区存在缺煤问题，也由于交通运输瓶颈，难以通过北疆煤炭调运的方式解决。

当前我国转型期的煤炭产业发展也同样受制于基础设施的不完善，其中煤制油气产业的发展最为明显。作为大型能源化工项目，煤制油气项目一般都布局于偏远地区，非常需要完备的铁路、公路等运输系统来满足大型设备的运输需求，需要必要的管道运输系统为煤制油气产品提供良好的输送条件。在缺少必要的交通运输、油气输送管线和配送网络的情况下，很难实现煤制油气产业的规模化发展。目前我国能够对西部地区煤制油气产业发展过程中的大型设备运输形成有效支撑，但油气输送管网因建设运营主体的限制，煤制油气产品很难顺利进入，配送网络也受油气销售市场相对垄断格局的制约。

2018 年 9 月，国务院办公厅印发《推进运输结构调整三年行动计划（2018—2020 年）》，提出以京津冀及周边地区、长三角地区、汾渭平原等区域为主战场，实施铁路干线主要编组站设备设施改造扩能，缓解部分区段货运能力紧张，提升路网运输能力，以推进大宗货物运输公转铁、公转水为主攻方向，减少公路运输量，增加铁路运输量。随着铁路运力增长，我国煤炭运输瓶颈问题得到缓解。

（二）煤炭政策变迁

1. 产业管理机构设置和管理职能逐渐规范

新中国成立以来，我国煤炭产业国家层面的管理机构相继经历了燃料工业部（1949 年）、煤炭工业部（1955 年）、燃料化学工业部（1970 年）、煤炭工业部（1975 年）、能源部（1988 年）、煤炭工业部（1993 年）、国家煤炭工业局（隶属国家经贸委，1998 年）、国家煤矿安全监察局与国家煤炭工业局（一个机构、两块牌子，2000 年）、国家安全生产监督管理局与国家煤矿安全监察局（一个机构、两块牌子，2001 年）、国家经贸委与国家发改委能源局（2003 年）、国家能源局（2008 年）、国家能源委员会（2010 年）、国家能源局（2013 年）等管理主体的变迁。

从煤炭产业管理职能看，改革开放前，伴随能源部门的多次分合，始终保持高度集中的特征；改革开放后，伴随政企分开的市场化改革浪潮和不同领域的利益博弈，逐渐由集中转向分散。经过体制变迁和职能分解，我国目前形成的煤炭产业管理体制是在国家能源委拟定国家能源发展战略、审议能源重大问题、统筹协调能源重大事项的基础上，国家能源局作为煤炭产业主要管理部门，负责拟定并实施煤炭产业发展战略、规划，组织制定煤炭产业政策及相关标准，审批、核准、审核煤炭固定资产投资项目等。总体而言，在持续推进的政府管理职能改革、“放管服”改革的推动下，煤炭产业管理机构设置逐渐稳定，管理职能日益清晰，并处于不断规范的过程中。

2. 产业管理制度日益健全

经历 40 多年的改革开放，煤炭产业现代产权制度、组织制度、管理制度基本建立。自党的十六届三中全会明确提出建立“归属清晰、责权明确、保护严格、流转顺畅”的现代产权制度以来，混合所有制改革不断加快速度，多要素融合的产权体系框架已经初步构建。以现代产权制度为基础的现代企业制度也不断完善，很多行政化机关改为公司制，通过兼并重组建成企业集团，产业集中度在不断提高。基层班组安全管理体系建设、煤矿职工素质能力建设均取得成效，为煤矿安全生产增添了“软实力”。“十一五”期间，一批区域性大型煤炭企业集团陆续建成，煤电、煤化等上下游产业一体化发展格局逐步形成。“十三五”期间，我国煤炭企业战略性重组步伐加快，煤炭产业集中度大幅度提升，培育了一批具有创建世界一流能源企业潜力的大型煤炭企业集团。

3. 产业法律法规体系逐步完善

在煤炭产业管理制度方面，矿业权、产能、生产加工、安全、环保、产品等各领域管理制度不断完善，在产业管理体制改革的推动下，煤炭产业管理制度逐步健全。在经历了多年有偿使用的煤炭资源管理实践后，国家进一步推进以“竞争性出让”为主要特征的矿业权制度改革，继煤炭资源使用由“无偿”向“有偿”转型后，进一步推动了煤炭资源转让由“协议为主、市场为辅”向“市场为主”的转型，实施煤矿产能登记公告制度，建立煤炭最低库存和最高库存制度、国家煤炭储备制度、修订煤矿基本安全管理制度等。

在煤炭产业政策法规方面，目前我国形成以《煤炭法》为引领、《煤炭产业政策》为主导、各项产业管理制度相配套的较完整的体系。而且伴随产业管理体制、企业经营机制、内外部环境的变化，煤炭资源勘查开发、生产供应、加工转化、运输仓储、商品煤质量管理、生态环保等各环节不断有新的政策形成支撑，煤炭产业政策法规体系建设一直在推进。

近几年，我国能源法律法规体系进一步健全，《资源税法》颁布实施，

《安全生产法》《能源法》《煤炭法》《职业病防治法》等制订修订工作有序推进。2020 年，国家先后出台了《工业企业结构调整专项奖补资金管理办法》《关于积极稳妥降低企业杠杆率的意见》《关于国有企业职工家属区“三供一业”分离移交工业的指导意见》《关于进一步推进煤炭企业兼并重组转型升级的意见》《关于统筹推进自然资源资产产权制度改革的指导意见》《关于加快煤矿智能化发展的指导意见》，以及煤炭产能运储销体系建设、去产能关闭煤炭职工安置办法等一系列政策措施，充分激发煤炭企业的活力，为煤炭产业高质量发展提供了制度保障。①

中国还把推进能源绿色发展作为促进生态文明建设的重要举措，2016 年落实修订后的《大气污染防治法》，加大了燃煤和其他能源污染防治力度，推动国家大气污染防治重点区域内新建、改建、扩建用煤项目实施煤炭等量或减量替代，能源绿色发展显著推动空气质量的改善。

4. 产业服务功能和政府规制手段不断进步

近几年，煤炭产业管理部门通过职能转变、简政放权、增强服务意识，不断向服务型管理机构转变。以全国和地方煤炭工业协会、各类智库型研究机构为代表的服务主体，在承担中介服务职能、协助政策宣传和产业管理、提供政策建议、参与政策制定等过程中，不断完善煤炭产业的服务体系，直接或间接地为产业发展提供支撑和服务。在面对市场失灵情况时，政府规制的手段也变得越来越丰富、越来越灵活。在煤炭产能管理方面，在产能过剩背景下推行了减量化产能置换措施；在防治雾霾、严控污染、规范煤炭进口贸易等方面，严格实施《商品煤质量管理办法》；在稳定煤炭价格方面，在

① 中国煤炭工业协会 .2020 中国煤炭行业发展年度报告［EB/OL］.http://www.zgmtgyxh.org.cn.2021-3-3.

“4+1”煤炭价格决定机制基础上，推广“基准价 + 浮动价”定价机制，创新中长期合同及其履约机制；在推进新兴产业发展方面，改变单一的财政补贴模式，通过税收、金融等手段加以支持。[①]

三、煤炭产业结构的转型升级

2014 年 6 月，习近平总书记在中央财经领导小组第六次会议上提出了能源革命的重大战略思想。在国家能源发展处于转型变革的历史时期，煤炭行业的转型升级也在加速推进过程之中。长期以来，中国煤炭行业存在产能过剩、供求关系失衡等问题。在国家推进供给侧结构性改革的去产能任务中，为推动煤炭行业的高质量发展，一方面，淘汰落后产能将使煤炭生产向大型煤炭基地集中，提高产业集中度，提升煤炭工业的规模化、机械化、现代化水平；另一方面，煤炭行业将优化产业结构，在做优做强煤炭主业的基础上，发展煤炭上下游产业，特别是以技术创新为支撑，走清洁能源之路，发展高端煤化工产品。

（一）产业规模化和集中化

1. 我国煤炭产业规模化程度显著增强，现代产业体系建设不断完善

过去很长一段时间，我国煤炭产业呈现企业数量多、规模小、产业集中度偏低、管理质量不高等特征，具有过度竞争的市场特点，甚至出现违规生产、恶性竞争的现象，供需关系非常不平衡。

---

① 中国煤炭工业协会 .2020 中国煤炭行业发展年度报告［EB/OL］.http://www.zgmtgyxh.org.cn.2021-3-3.

2018年底，全国煤矿数量减少到大约5800处，平均产能提高到大约92万吨/年，120万吨/年及以上的大型煤矿产量所占比重超过80%，大型现代化煤矿已经成为煤炭生产主体。截至2020年底，全国煤矿数量减少到4700处以下，平均单井（矿）产能提高到110万吨/年以上。大型现代化煤矿成为全国煤炭生产的主体，全国建成年产120万吨以上的大型现代化煤矿1200处以上，产量占全国的80%左右。其中，建成年产千万吨级煤矿52处，产能8.2亿吨/年；年产30万吨以下的小煤矿数量减少到1000处以下，产能下降到1.1亿吨/年左右。前8家大型企业原煤产量18.55亿吨，占全国的47.6%，比2015年提高11.6个百分点。其中，亿吨级以上企业煤炭产量16.8亿吨，占全国的43%；千万吨级以上企业煤炭产量30.0亿吨，占全国的77%。战略性重组后，国家能源集团、晋能控股集团、山东能源集团、中煤能源集团4家企业煤炭产量超过2亿吨，山西煤业化工集团、山西焦煤集团2家企业产量超过1亿吨，煤炭产业集中度大幅提升，培育打造了一批具有创建世界一流能源企业潜力的大型煤炭企业集团。①

2. 我国煤炭产业集中化程度显著增强，煤炭资源开发布局持续优化

“十三五”期间，我国煤炭生产中心加快向资源禀赋好、开采条件好的晋陕蒙地区集中。2020年，我国西部地区煤炭产量23.3亿吨，占全国煤炭产量的59.7%，与2015年相比，用五年时间提高了5个百分点；中部地区占全国煤炭产量的33.4%，下降了1.4个百分点；东部地区下降了2.3个百分点；东北地区下降了1.3个百分点。从大型基地和区域煤炭产量变化情况来看，2020年，14个大型煤炭基地产量占全国总产量的96.6%，比2015年提高了3.6个

① 中国煤炭工业协会.2020中国煤炭行业发展年度报告［EB/OL］.http://www.zgmtgyxh.org.cn.2021-3-3.

百分点。山西、陕西、内蒙古、新疆、贵州、安徽、河南、山东等省区煤炭产量超亿吨，煤炭产量共计 35.0 亿吨，占全国的 71.5%。①

我国煤炭行业经过兼并重组，一方面，煤矿数量大幅度减少，实现规模化生产；另一方面，煤炭产业水平大幅度提升，逐步实现了人才、资源、资金、技术等生产要素的优势聚集，为实现煤炭产业转型发展奠定了坚实的基础。

（二）产业结构多元化

1. 结构优化

煤炭产业结构是包括主业和副业的产业布局，由生产、流通、消费、分配各环节有机构成。我国煤炭企业依据不同标准可分为很多种类，依规模可分为大型煤企、中型煤企、小型煤企，依产权属性可分为国有煤企、民营煤企、私营民企和各种类型的股份制煤企或混合所有制煤企等，依业务模式可分为单一型煤企、煤电一体化煤企、多元化煤企等。

目前，我国各类型煤炭企业均实行多元化发展，涉及电力、物流、新能源、装备制造、金融、房产、医疗、钢铁、化工等众多产业。表 2.1 反映了 2020 年中国煤炭企业前 10 强主要产品或服务情况，其中煤炭、电力、煤化工、装备制造、金融等产品与服务相对比较集中，合理的产业结构将有助于提高资源配置效率，从而间接提高煤炭产业的发展质量。②

---

① 中国煤炭工业协会 .2020 中国煤炭行业发展年度报告［EB/OL］.http://www.zgmtgyxh.org.cn.2021-3-3.

② 岳福斌 . 中国煤炭工业发展报告（2019）［R］. 北京：社会科学文献出版社，2020：31.

表 2.1　2020 年中国煤炭企业前 10 强主要产品或服务

排名	企业名称	主要产品或服务
1	国家能源投资集团有限责任公司	煤炭、电力、交通运输、煤化工、科技环保、金融
2	山东能源集团有限公司	煤炭、电力、新能源、化工、新材料、医养健康
3	陕西煤业化工集团有限责任公司	煤炭、煤化工、电力、装备制造、水泥、现代物流、金融
4	兖矿集团有限公司	煤炭、煤化工、现代物流、工程技术服务
5	冀中能源集团有限责任公司	煤炭、电力、装备制造、医疗、物流
6	大同煤矿集团有限责任公司	煤炭、电力、煤化工、金融、文化旅游、物流
7	山西焦煤集团有限责任公司	炼焦煤、焦化、电力
8	河南能源化工集团有限公司	煤炭、乙二醇、氧化铝
9	山西潞安矿业（集团）有限责任公司	煤炭、煤化工、电力、装备制造、金融、生物健康
10	中国中煤能源集团有限公司	煤炭、煤化工、电力、贸易、煤矿设计及建设、装备制造

（资料来源：中国煤炭工业协会官网 2020 年 8 月 17 日发布“2020 中国煤炭企业 50 强”）

2. 产业升级

近年来，我国致力于建设集约、安全、高效、清洁的煤炭工业体系，推进煤炭供给侧结构性改革，完善煤炭产能置换政策，加快淘汰落后产能，煤炭开发布局和产能结构大幅优化，大型现代化煤矿成为煤炭生产主体。当前我国煤炭产品结构大大升级，由原煤、混煤转变为洗选煤。国家不断加大安全生产投入，健全安全生产长效机制，加快煤矿机械化、自动化、信息化、智能化建设，全面提升煤矿安全生产效率和安全保障水平。在推进大型煤炭基地绿色开采和改造方面，发展煤炭洗选加工，发展矿区循环经济，加强矿区生态环境治理，建成一批绿色矿山，资源综合利用水平全面提升。此外，还实施煤炭清洁高效利用行动，煤炭消费中发电用途占比不断提升。煤制油气、低阶煤分质利用等煤炭深加工产业化示范也取得一定进展。

煤炭的清洁利用成为煤炭产业发展趋势，直接带动煤炭行业及涉煤行业产业升级。近年来，我国燃煤电厂超低排放改造持续推进，截至2020年底，全国燃煤电厂完成超低排放和节能改造9.5亿千瓦，占全国燃煤电厂总装机的76%；具有自主知识产权的高效煤粉型锅炉技术得到推广应用，锅炉燃料燃烬率达到98%；与普通燃煤锅炉相比大大提高，主要污染物排放指标达到天然气锅炉排放标准；散煤综合治理和煤炭减量替代成效显著，“十三五”期间散煤用量削减超过2亿吨。① 从燃料向燃料与原料并举是煤炭产业升级的重要方向，充分挖掘煤化工的代油、代气性，对于我国的能源安全具有战略意义。发展煤炭绿色高效智能开采技术，大型煤矿采煤机械化程度达98%，掌握煤制油气产业化技术。②

煤炭产业经济高质量发展是顺应我国经济从粗放型高速增长转向集约型高质量发展所做出的能动反映，是煤炭产业进入新的发展阶段后为适应新时代、新业态的需要而做出的战略性选择，也是驱动产业制度、产业结构、工艺技术、产品和服务、投入产出、安全生产、环境保护、社会责任履行等方面质量不断提高的发展方式和所呈现的发展业态。③

供给侧结构性改革的政策含义就是要按新的发展理念要求，从提高供给

① 中国煤炭工业协会.2020中国煤炭行业发展年度报告［EB/OL］.http://www.zgmtgyxh.org.cn.2021-3-3.

② 中华人民共和国国务院新闻办公室.新时代的中国能源发展白皮书［EB/OL］.http://www.scio.gov.cn,2020-12-21.

③ 岳福斌.中国煤炭工业发展报告（2019）［R］.北京：社会科学文献出版社，2020：30-31.

侧体系质量和效率、增加经济持续增长动力出发，用改革的方法推动供给侧结构调整，矫正要素配置扭曲，提高全要素生产率，扩大有效供给，提高供给对需求变化的适应性和灵活性，以适应和引领经济发展新常态，更好地满足广大人民群众的需要，促进经济社会持续健康发展。习近平同志在省部级主要领导干部学习贯彻党的十八届五中全会精神专题研讨班上的讲话中指出："推进供给侧结构性改革，要从生产端入手，重点是促进产能过剩有效化解，促进产业优化重组，降低企业成本，发展战略性新兴产业和现代服务业，增加公共产品和服务供给，提高供给结构对需求变化的适应性和灵活性。简言之，就是去产能、去库存、去杠杆、降成本、补短板。"

第三章

转型基础：产业工人的现状与挑战

在煤炭产业深化供给侧改革、推动产业转型升级的过程中，煤炭产业工人面临一些新变化和新问题。如何顺应产业转型的趋势以更好地适应岗位需要、如何提高自身素质以获得更好的发展空间，是摆在煤炭产业工人面前的现实问题。本章基于对 A 省的实地调查资料，从不同层面呈现煤炭产业工人的人口学特征、生产生活、技能发展等方面的基本状况，并分析这支队伍在发展中的问题和挑战。煤炭产业工人目前的技术技能状况、职业地位等，是这个群体未来改变和发展的重要基础。

一、调查基本情况

本次调查共收集 109 家企业（二级子公司）的数据。从企业性质看，省属国企 100 家，占 91.7%，股份制企业 9 家，占 8.3%；从主业类型看，煤炭企业 56 家，占 51.4%，非煤企业[①]53 家，占 48.6%。本次调查煤炭企业与非煤企业的比例相当，本文通过对两者的比较讨论煤炭产业工人的现状与问题。

从职工问卷调查的数据来看，本次调查共收集 506 份有效问卷。其中男性受访职工 416 人，占 82.2%；女性受访职工 85 人，占 16.8%；另有 5 人性别信息缺失。从表 3.1 中可以看出，在 500 名有效受访职工中，工人身份的有 336 人，占 67.2%；技术人员有 164 人，占 32.8%。从企业类型的分布来看，

① 本章所指的非煤企业是指不以煤炭为最终产品、煤炭产业链条上的其他企业，如煤化工、煤炭运输、煤炭发电、煤机制造、建筑建材、热力和煤气、爆破产品、职业培训、后勤服务等。

煤炭企业的受访职工有 248 人，非煤企业的受访职工为 252 人，两者比例基本相当。职工问卷中，煤炭企业与非煤企业职工的比例，以及工人与技术人员的比例，都比较适合进行两者的比较研究，无须进行加权操作。

表 3.1　受访职工的基本分布

单位：%、人

	工人	技术人员	总计
煤炭企业	75.8	24.2	100.0（248）
非煤企业	58.7	41.3	100.0（252）
总计	67.2（336）	32.8（164）	100.0（500）

本研究的企业问卷和职工问卷数据的基本结构，说明本次调查基本涵盖了煤炭行业各类企业，数据具有一定的代表性，对于了解煤炭行业职工基本状况、把握其技能培养方面的经验和问题等能够提供较好的支撑。

本研究局限性来自两个方面：一是调查中我们是以国有煤炭企业为主，没有涉及 A 省民营煤炭企业的数据收集，这意味着我们的调查结果可能与民营煤炭企业的职工状况有一定出入。但由于国有煤炭工人是该省煤炭工人的主体部分，且无论何种企业性质，煤炭行业在岗位、技能等方面都具有很多共通性，因此以国有企业煤炭职工为例，能够对整体煤炭产业工人队伍建设提供有价值的参考。二是问卷调查中访问对象的选择问题。尽管课题组在调研时尽力排除各种干扰因素，力图保障调研的客观性、真实性，但由于职工问卷难以实施严格的抽样调查，因此调查样本在代表性上可能存在局限。比如，填答问卷的职工大多数综合素质比较高，属于职工中比较优秀的部分，会在一定程度上影响对整体煤炭产业工人的把握，在职工结构等问题上的分析结果可能与实际情况有些差异。

因此，本研究在综合使用两种调查数据时会有所侧重。在讨论职工的整体面貌，如年龄结构、学历结构、技术技能等级结构、技术培训等问题时，更多地采用企业问卷数据。而在涉及职工工作的基本情况、社会保障和收入情况、思想政治状况等方面，更多地采用职工问卷数据。

二、煤炭产业工人的基本状况

（一）煤炭产业工人的人口结构

1. 企业规模与产业工人规模

从职工人数来看，非煤企业的规模明显小于煤炭企业。2018 年，被调查的 109 家企业中，56 家煤炭企业的平均职工人数为 4066 人，总数为 227696 人；53 家非煤企业的平均职工人数为 1285 人，总数为 68105 人。煤炭企业总人数是非煤企业总人数的 3.34 倍，煤炭企业的平均人数是非煤企业平均人数的 3.16 倍。2013 年至 2018 年的数据进一步佐证了这一特点。这说明，在煤炭产业工人队伍中，从事煤炭生产的工人依然是绝大多数，而煤炭企业的人数规模远大于非煤企业的人数。这说明，煤炭产业工人的主体依然主要从事煤炭的开采、生产和洗选等工作，即通常意义的煤炭工人。

从图 3.1 可以看出，无论是煤炭企业还是非煤企业，自 2013 年以来，都经历了一个减员的过程。其中，煤炭企业职工从 2013 年的 4505 人减为 2018 年的 4066 人，整体减少了 9.7%；而非煤企业职工从 2013 年的 1629 人减为

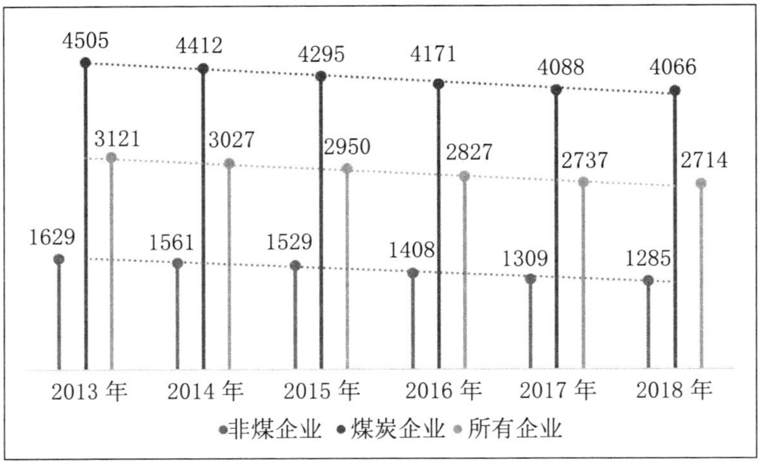

图 3.1 受访企业的职工规模变化情况（单位：人）

2018 年的 1285 人，整体减少了 21.1%。就职工人数来说，2014 年[①]109 家企业的总人数为 329889 人，而到了 2018 年降为 295835 人，整体减少了 34054 人，约 10.3%。其中，煤炭企业减少了 19426 人，整体降幅约 7.9%；非煤企业减少了 14628 人，整体降幅约 17.7%。煤炭产业工人整体人数的下降与 A 省煤炭企业的重组改革和去产能战略发展有关。煤炭企业的职工降幅小于非煤企业，说明了煤炭的开采和生产对于一线产业工人的需求，也反映了煤炭产业转型和技术升级的困难。

从图 3.2 可以看出，受访的 109 家企业中技术工人都多于普工。具体而言，109 家企业中所有企业的技术工人平均数为 1681 人，而普工平均数仅为 377 人，技术工人约是普工的 4.5 倍。具体来说，煤炭企业的技术工人大约是普工的 5.5 倍，非煤企业的技术工人大约是普工的 2.2 倍。可见，煤炭企业技

① 有 3 个企业 2013 年的职工数据缺失，在此从 2014 年开始计算。

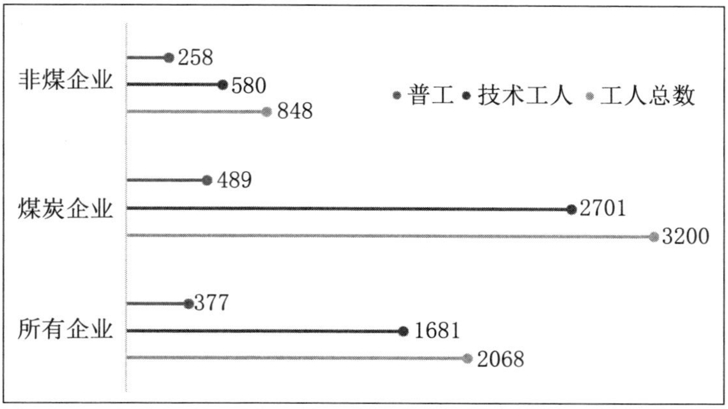

图 3.2　不同类型受访企业平均的工人数量（单位：人）

术工人的比例高于非煤企业技术工人的比例。

2. 性别与年龄

从女职工的比例看，109 家企业女职工的平均比例是 24.0%，其中，56 家煤炭企业的女职工平均比例是 14.4%，53 家非煤企业的女职工平均比例是 34.2%。可见，煤炭产业的女职工比例比较少，尤其是以煤炭生产为主业的煤炭企业女职工更少。

在年龄方面，109 家受访企业的职工平均年龄是 39 岁，煤炭企业和非煤企业在职工的平均年龄上差别不大，前者是 39.4 岁，后者是 38.7 岁。在 109 家企业中，35 岁及以下职工的人数最多，比例接近四成（38.0%），36 岁至 45 岁的职工接近三分之一（32.1%），46 岁及以上的职工较少，但也接近了三成（29.9%）。

职工年龄结构的最突出的特点是，在 35 岁及以下的年龄段职工比例上，煤炭企业远小于非煤企业。煤炭企业在 35 岁及以下年龄段的职工比例为 34.0%，而非煤企业为 42.0%。由于煤炭企业和非煤企业在 46 岁及以上年龄段的职工比例大致相同（都在三成左右），使得36岁至45岁年龄段中，煤炭企业比非煤企业的比重大得多。在煤炭企业中，36岁至45岁年龄段的职工最多，比例达到36.1%，与之相比，非煤企业这一年龄段的人数比例仅为27.8%。对于煤炭产业工人而言，45岁是一个重要的年龄分界点。一般来说，45岁以上的煤炭职工继续从事井下作业的风险较大，工人的身体状况也很难适应井下的繁重劳动和恶劣条件。（见图3.3）

从上述数据中可以看出，煤炭产业工人尤其是从事井下作业的煤炭产业工人普遍出现了年龄偏大的现象，这一点在座谈过程中表现得很突出。参与座谈的企业干部和工会干部普遍反映，本企业职工存在老龄化的问题。其原因主要是两个方面：一方面，在招聘环节存在诸多进人的制度性障碍；另一方面，面临国企职工退出的社会压力，即“进人难、解聘更难”的问题。

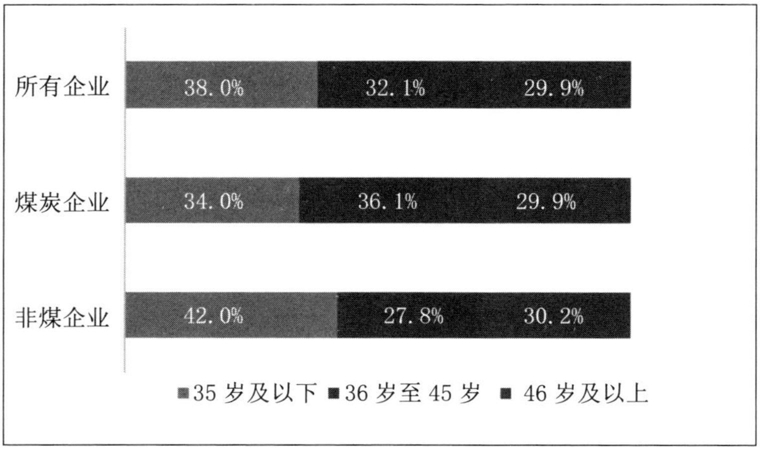

图3.3　受访企业职工的年龄结构

3. 户籍结构

109家受访企业的大多数职工的户籍以城镇为主，88.3%的职工为城镇户籍，农村户籍的职工仅有一成左右。其中，煤炭企业职工的城镇户籍比例明显小于非煤企业，前者为 83.9%，后者为 93.0%。

从职工问卷数据看，在 500 个有效样本中，拥有城镇户口的有 429 人，占总受访人数的 85.8%；农村户口 71 人，占 14.2%。其中，煤炭企业城镇户籍 197 人，占本类型企业的 79.1%；农村户籍 52 人，占 20.9%。非煤企业城镇户籍 232 人，占本类型企业的 92.4%；农村户籍 19 人，占 7.6%。

职工就业以本地就业为主。在职工问卷 497 个有效样本中，394 人为本地人，占 79.3%；103 人为外地人，占 20.7%。这说明受访职工以本地就业为主，异地流动就业的比例不大。

4. 婚姻与家庭

从婚姻与家庭来看，职工问卷 506 个有效样本中，已婚 430 人，比例达 85.1%。在 433 个有效样本中，有子女的 395 人，占 91.2%；没有子女的 38 人，占 8.8%。在 391 个有效样本中，有 1 个子女的 305 人，占 78%；有 2 个子女的 84 人，占 21.5%；有 3 个子女的 2 人，占 0.5%。可见，大多数职工已经结婚和养育子女，这与其年龄结构相关。

5. 政治面貌

从政治面貌来看，职工问卷 499 个有效样本中，中共党员 140 人，占 28.1%；共青团员 79 人，占 15.8%；群众 280 人，占 56.1%。其中，煤炭开采企业党员比例最高，占 32.3%；煤机制造企业最低，占 18%。煤机制造企业共青团员比例最高，占 24%；煤化工企业最低，占 7.9%。需要注意的是，由于各个企业选择了较多的技术人员或骨干人员填答问题，因此，关于党员和团员比例的数据可能远远超过实际状况。

（二）职工素质与技能状况

1. 教育水平

从学历来看，职工教育水平整体偏低。109 家受访企业的职工中，人数最多的是高中（或相当于高中的中专、中技等）学历，占 36.3%，超过了三分之一；差不多五分之一的职工是初中及以下学历（17.9%）。两者相加已经超过一半（54.2%）。而大专和本科及以上学历的比例大致相同，占 23% 左右。

非煤企业职工的学历比煤炭企业职工的学历更高，主要表现在：煤炭企业职工高中学历的比例更大，超过了四成（42.7%），明显大于非煤企业职工高中学历的比例（29.6%）；本科及以上学历的职工比例，非煤企业超过煤炭企业一倍多；而在初中学历的比例上，非煤企业也明显小于煤炭企业，前者是 14.4%，后者是 21.2%。（见图 3.4）

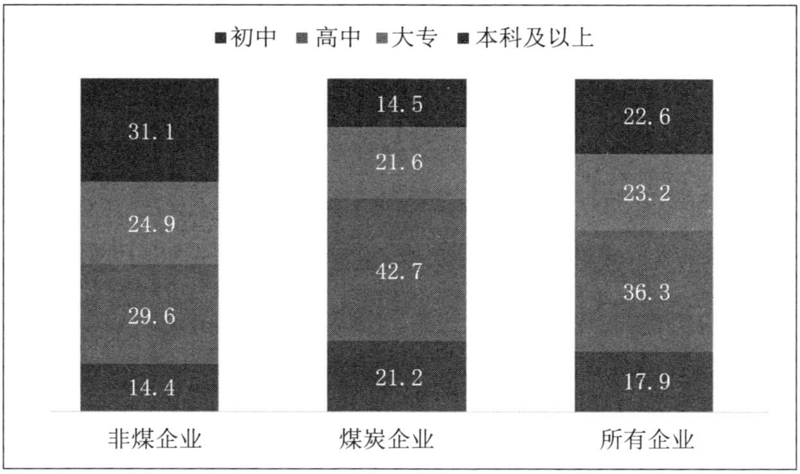

图 3.4　受访企业职工的学历结构（单位：%）

2. 技术工人结构

煤炭企业和非煤企业报告了其技术工人的人数。从图 3.5 可以看出，受访企业中技术工人占所有职工的比例较大。109 家受访企业中技术工人比例为 53.3%。在全国的就业人员当中，技术工人总量不足的问题比较突出，仅占就业人员的 21.3%[①]。煤炭企业的技术工人比例超过了一半，高于全国平均水平。非煤企业中技术工人比重小于煤炭企业中技术工人的比重，前者为 42.1%，后者为 63.6%，差距非常明显。在所有企业中，技术工人占比 20% 以下的企业有 13 家，占 13.0%；占比 20%—40% 的企业有 15 家，占 15.0%；占比 40%—60% 的企业有 30 家，占 30.0%；占比 60%—80% 的企业有 42 家，占 42.0%。总的来说，煤炭产业工人的整体技能水平较高。

但从技能等级结构来看，煤炭产业工人存在比较明显的结构性问题：高技能工人，尤其是技师和高级技师比例过小。从技术工人的结构来看（见表 3.2），无论是煤炭企业还是非煤企业，中级工的比例都是最大的，占比都在 46% 以上，接近一半。两种类型的企业在初级工和高级工上的比例也大致相当，初级工在 22% 左右，高级工在 26% 左右。

比较突出的问题是，煤炭产业工人中技师和高级技师的比例太小。非煤企业和煤炭企业技师的比例相当，都是 4.1%。高级技师的比例之小尤其突出，其整体比例都是 0.5%。这一数据体现了煤炭产业工人队伍的发展任务极为艰巨。煤炭企业的高技能人才（高级工及以上等级）比例（占 32.1%）高于全国总体水平（占 27% 左右），但与世界上一些制造强国（均高于 40%）相比还有一定的差距。

---

① 李玉赋 . 新的使命和担当：《新时期产业工人队伍建设改革方案》解读［M］. 北京：中国工人出版社，2017:34.

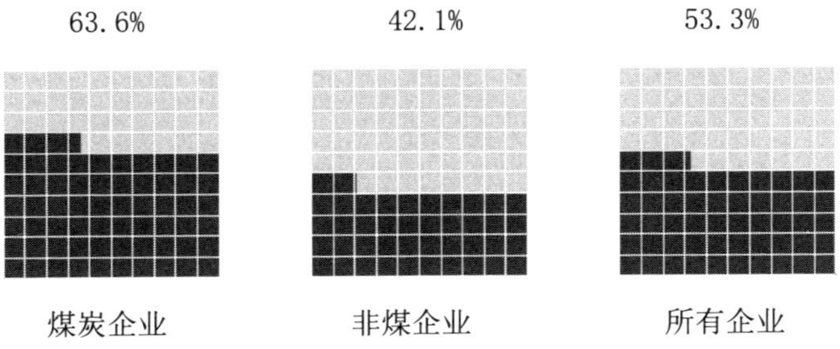

图 3.5　受访企业技术工人的比例（单位：%）

表 3.2　企业问卷中技术工人的比例

技能等级	煤炭企业		非煤企业		总体情况	
	百分比	人数比（初级工 =100）	百分比	人数比（初级工 =100）	百分比	人数比（初级工 =100）
初级工	21.7	100	25.9	100	22.4	100
中级工	46.2	213	46.7	180	46.3	207
高级工	27.5	127	22.8	88	26.7	119
技师	4.1	18.9	4.1	15.9	4.1	18.3
高级技师	0.5	0.2	0.5	0.2	0.5	0.2
总计	100.0		100.0		100.0	
	人数 =150750		人数 =29776		人数 =180526	

3. **技能培训状况**

从企业数据可以看出，煤炭企业职工的培训时间长、培训次数多、培训类型多样。2017 年职工的人均培训时间为 46.1 小时。其中，煤炭企业人均培训时间平均为 50.0 小时，超过非煤企业的 42.3 小时。从培训次数来看，在所调查的企业中，职工培训共 79.4 万人次，人均 2.68 次。其中，煤炭企业共培训 54 万人次，年人均培训 3.21 次；非煤企业共培训 25.4 万人次，年人均培训 2.59 次。

在所有的培训类型中，适应性培训是最主要的培训类型，占 33.5%；其次是资格培训，占 27.4%；再次是技术等级培训，占 12.3%；继续教育类的培训占 8.7%；其他类型占 18.1%。此外，各企业重视加强安全生产、特种作业等方面的特殊培训，共计达到 13.5 万人次，约占所有培训人次的 17.1%。

另外，企业是各种培训的主要组织者，并且主要在上班时间开展。从职工问卷数据来看，多数职工选择了本企业是职工培训的主要组织者，占 69.4%；其次是行业组织，占 12%；第三方机构、政府部门和设备厂商组织的培训比例较小，分别为 8.2%、5.9% 和 4.5%。在培训时间安排上，58.7% 的培训是在上班时间开展，41.3% 的培训占用了下班时间或节假日时间。

受访职工对参加过的培训给予了较高评价。一是满意度较高，在其填写的 1028 次培训中，属于“非常满意”和“比较满意”的比例占到 69.8%，“不太满意”和“很不满意”的比例只有 2.4%，但也有 27.8% 的培训被职工认为“一般”。二是重要性评价很高，87.6% 的培训被职工认为“比较重要”和“非常重要”；只有 2.0% 的培训被看作“很不重要”和“不太重要”。（见表 3.3）

表 3.3　职工对各次培训的满意度和重要性评价

职工评价	满意度评价		重要性评价	
	人次	百分比	人次	百分比
很不满意 / 重要	13	1.3	11	1.1
不太满意 / 重要	11	1.1	9	0.9
一般	286	27.8	107	10.4
比较满意 / 重要	534	51.9	469	45.6
非常满意 / 重要	184	17.9	432	42.0
总计	1028	100	1028	100

职工问卷数据显示，职工技能提升的意愿很高。在449个有效样本中，表示“非常愿意”和“比较愿意”的职工达到81.6%，“不太愿意”和“非常不愿意”的职工只有4.2%。（见图3.6）

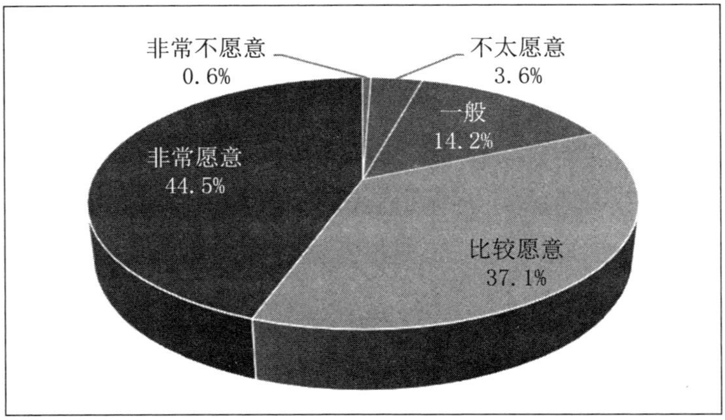

图3.6　受访职工技能提升的意愿

在技能提升方式上，排名前三的是“个人努力钻研”“班组互相学习”和“师带徒”。在502个有效样本中，三者被选择的比例分别为72.5%、42.6%和39.0%。除此之外，“技术技能竞赛”的方式排在第四，占34.5%。此数据意味着，超过七成的受访职工认为个人的努力很重要，四成左右的受访职工认为向他人学习很重要，而认为技能竞赛重要的受访职工也超过了三分之一。

职工非常看重技术技能所能带来的经济收益。职工问卷数据显示，提高收入是职工技能提升最主要的动机。在500个有效样本中，超过四分之三的人选择这一项（75.2%）。认为“企业要求”和“行业发展”是提升技能重要动机的也有很大比例，比例分别是45.6%和47.6%，均接近一半。职工技能提升的实际效果与此相差不大。在495个有效样本中，63.8%的人认为技能提升会有经济奖励，但这一因素不是比重最大的。认为“技能提升会带来更高

的技能等级”的比重最大，接近四分之三（74.1%）。这两个选项并无根本性矛盾，因为收入增加是获得更高技能等级的间接收益。93%的受访职工认为，企业应当提高“高技术、高技能”职工的待遇。

进一步来看，职工对于技能提升所带来的工资待遇提高的幅度并不满意。在499个有效样本中，不到三分之一（32.8%）的受访职工表示满意工资提高的幅度，这说明在目前企业中，技术技能所能带来的待遇和激励还没有达到多数人的期望。这与企业的规章制度有关，即不同技能等级之间的工资差异能否明显地体现出来。认为本企业不同技能等级的工资间距比较合理的受访职工不到一半，这一数据从另一角度说明，企业对技能提升所给予的经济奖励是有限的。

（三）职工劳动与权益状况

1. 劳动时间

对于煤炭产业工人（尤其是井下作业人员）来说，其劳动时间分为准备时间（通勤、换装、洗澡和井下交通等）和工作时间两部分。职工问卷数据显示，486个有效样本的平均通勤时间为3.2小时。不同类型企业受访职工通勤时间存在差异，煤炭企业平均通勤时间最长，为4.5小时，非煤企业职工的准备时间为1.9小时，准备时间长显然是煤炭工人的一大困扰。

从职工问卷数据来看，在上班形式方面，499个有效样本中，271名受访职工为长白班，占54.3%；40名受访职工为四六制，占8.0%；131名受访职工为三八制，占26.3%；25名受访职工为十二小时轮班制，占5.0%。但在煤炭企业的248名有效样本中，长白班仅有83人，占33.5%。煤炭企业职工最主要的上班形式是三八制，108名受访职工（占43.5%）是这种上班形式。非煤企业的 251 名受访职工中，接近四分之三是长白班（占 74.9%）。

506 个有效样本中，平均每周工作时间为 51.0 小时。每周实际工作时间为 40 小时及以下的有 164 人，占 32.4%；工作时间为 40 小时以上的有 342 人，占 67.6%；工作时间为 40 至 70 小时的有 300 人；工作时间为 70 小时以上的有 42 人。由此可见，煤炭行业企业普遍存在超时工作的现象。以不同企业类型来看，煤炭企业职工工作时间最长，平均每周为 54.4 小时；非煤企业职工平均每周工作时间为 47.5 小时。

2. 工龄较长，工作稳定性强

无论是从受访职工的工龄还是从受访职工在本企业的工作年限来看，都可以发现，煤炭产业工人的工作稳定性比较强，这也是国有企业职工的一个普遍性特征。

从受访职工的工龄来看，503 个有效样本的平均工龄为 13.8 年，最短为 1 年，最长为 54 年。其中，煤炭企业受访职工的平均工龄最长，为 14.3 年；非煤企业受访职工的工龄比煤炭企业少一年，平均为 13.3 年。

从职工在本企业的工作年限来看，501 个有效样本的平均值为 11.6 年，最短为 1 年，最长为 35 年。煤炭企业受访职工的平均工作年限最长，为 12.7 年；非煤企业为 10.6 年。另外，在本企业工作 5 年以上的职工高达 75.1%。

3. 劳动权益状况

从职工问卷数据来看，501 名受访职工中，与工作单位签订劳动合同占据绝大多数，比例达到 97.8%，其中煤炭企业正式工 / 合同工比例达到 96.4%，非煤企业正式工 / 合同工比例达到 99.2%。进一步从企业问卷数据来看，受访的 109 家企业，其职工的用工方式以正式工 / 合同工为主，非煤企业和煤炭企业中正式工 / 合同工的比例都超过 90%。与此相应的是，外包工和派遣工的比例相加不足 10%。这说明，虽然企业有一定比例的劳务派遣和劳务外包情况，但是正式工 / 合同工依然是产业工人队伍的主体。（见图 3.7）

图 3.7　受访企业正式工 / 合同工的比例

受访职工的社会保险覆盖率比较高。对于社会保险的缴纳，基本养老保险、基本医疗保险、工伤保险、生育保险、失业保险、住房公积金、补充养老保险（企业年金）、商业保险、大病互助的缴纳比例分别为 99.4%、98.8%、94.9%、75.6%、94.7%、94.9%、70.3%、1.4%、62.6%，其中，基本养老保险的比例最高，商业保险的比例最低，生育保险在“五险一金”中的比例最低。虽然职工缴纳社保的比例比较高，但在调研中我们也发现，由于前几年煤炭行业不景气，很多企业存在社保费用欠缴的问题。在市场转好的情况下，很多企业已经着手或已经完成社保费用的补缴工作。

受访职工表示，其工作环境有风险，但工伤职业病比例较低。在工作环境方面，498 个有效样本中，存在高温低温、粉尘、噪声、有毒有害气体、机械故障隐患等问题的比例分别为 51.8%、78.9%、82.7%、66.3%、58.4%。对于这些工作环境问题，40.7% 的受访职工对企业采取的防护措施表示“比较满意”和“非常满意”，明确表示“不太满意”和“很不满意”的比例只有 14.5%，44.8% 的受访职工表示防护措施“一般”。

在工伤和职业病方面，仅有 5% 和 3.8% 的受访职工提及。其中，绝大部分工伤发生在煤炭企业，比例高达 92%。职业病也是煤炭企业发生最多，比例有 37%。需要注意的是，工伤和职业病数据由于样本选择的问题，与实际情况可能有较大出入。

4. 职工收入状况

从调查数据来看，煤炭产业工人整体的收入水平比较低。在企业问卷中，我们询问了不同等级技术工人的收入情况。表 3.4 显示了不同类型企业、不同技术等级的职工在 2017 年的月平均工资。从中可以看出，大多数煤炭职工的年收入是在 6 万—8 万元。考虑到三方面因素：一是煤炭职工的整体工作时间（包括通勤和准备时间）过长；二是劳动条件非常艰苦；三是同行业其他企业的收入水平，如中国神华 2016 年支付给职工的薪资为 205 亿元，员工数量为 90882 人，人均年薪为 23 万元。因此，可以认为多数煤炭企业的职工收入水平仍然偏低。数据还显示，不同类型企业的职工收入也有差异。同样的技术等级，煤炭企业的工人工资比非煤企业的工人工资普遍要高，这一差别体现了工资待遇向一线工人（尤其是井下工种）倾斜的政策。

表 3.4　2017 年职工月均工资

单位：元

	煤炭企业	非煤企业	总体情况
初级工	5406.37	3585.69	4525.56
中级工	6027.73	4015.25	5064.08
高级工	6582.22	4551.16	5590.40
技 师	6862.43	4924.01	5944.81
高级技师	7325.60	5314.97	6756.65
普通工人	4915.89	3819.09	4360.45
科级以下职员	3983.28	3707.69	3849.27

在职工问卷中我们发现，504 份职工问卷显示的平均个人月收入为 3707 元，远低于企业问卷显示的金额。这种情况可能由于数据采集口径的差异所导致，比如在职工问卷中，我们收集的是每月的到手工资，已经扣除了保险、公积金等相关税费，但也存在企业虚报和职工低报的可能。从职工问卷数据来看，受访职工的平均月收入集中在 1000 元至 5000 元，有 428 人，占 504 个有效样本的 84.9%。其中，2000 元至 3000 元的比例最大，有 138 人，占 27.4%；其次为 3000 元至 4000 元，有 119 人，占 23.6%。另外，煤炭企业职工的月平均工资最高，为 4479 元；非煤企业受访职工的月均收入为 3213 元。

受访职工对于收入的状况普遍满意度不高。仅有 8.2% 的受访职工对自己的收入表示“比较 / 非常满意”，58.4% 的受访职工表示“很不满意”和“不太满意”，另有 33.5% 的受访职工表示“一般”。（见图 3.8）超过 70% 的受访职工认为自己的收入属于中等和中等偏下的水平。在回答“您认为自己目前的收入，在本地属于哪个层次”时，502 个有效样本中，认为收入属于“低等”的占 29.7%，属于“中等偏下”的占 43.8%，属于“中等”的占 24.5%，属于“中等偏上”的仅占 2.0%。（见图 3.9）

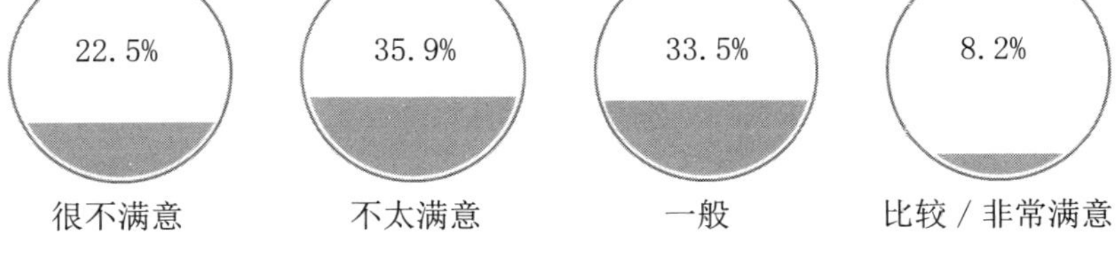

图 3.8 受访职工对收入的满意度

就家庭收入而言，受访职工个人月收入与家庭收入的比值平均值为0.7，即受访职工个人收入占家庭收入的70%。分企业类型看，煤炭开采企业最高，为0.82。超过三分之一的受访职工个人收入等于家庭收入，而受访职工平均工资仅为A省2017年全省非私营单位在岗职工月平均工资的74.9%。这些数据说明，受访职工的工资水平偏低，却是家庭收入的主要来源，生活压力相对较大。

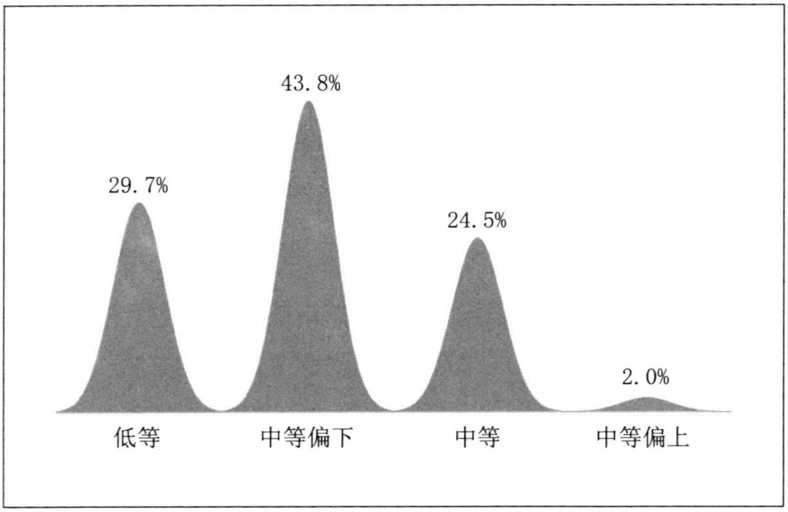

图3.9　受访职工对收入等级的认知

（四）思想动态

大多数职工表示关心企业的利益和发展，认为企业发展才能给员工发展带来更好的条件。在“是否关心企业利益和发展”的回答中，89.9%的受访职工认为自己“非常关心”和“比较关心”企业的发展和利益，只有2.2%的受访职工认为自己“不太关心”和“很不关心”，7.9%的人表示“一般”。

在询问职工“觉得企业是否关心个人利益和发展”时，502个有效样本中，认为“很不关心”和“不太关心”的共99人，占19.7%，认为“一般”的有201人，占40%，认为“比较关心”和“非常关心”的有202人，占40.3%。可以看出，职工对“企业关心职工”的评价不是特别高。

此外，职工对自身发展空间的预期不太乐观。对“我在企业的发展空间很大”这一表述的评价中，明确表示“比较同意”和“非常同意”的不算很高，占28%；表示“一般”的占51.5%；表示“不太同意”和“很不同意”的占20.6%。

绝大多数职工认同“坚守岗位、做好本职工作是基本的职业道德”，在497个有效样本中，表示“比较同意”和“非常同意”的高达93.4%。在关于“当前职工的爱岗敬业程度”的评价中，502个有效样本中，44.9%的受访职工认为“非常高”或“比较高”，这说明有接近一半的职工能够感受到目前职工具有较高的爱岗敬业程度。认为职工爱岗敬业程度“一般”的有206人，占41%；认为“不太高”和“一点儿都不高”的受访职工比较少，只有71人，占14.2%。

职工对“影响职工爱岗敬业程度的因素”也有自己的倾向，选择最多的是“工资待遇”因素，有470人选择，占有效人数的93.4%；其次是“劳动强度”因素，占有效人数的61.8%；“‘尊重劳动，崇尚技能’的社会氛围”和“社会地位”因素也有超过150人选择，占总回答数的31.6%和30.0%。这些数据也反映出煤炭职工对工资收入和劳动强度的重视程度比较高。（见图3.10）

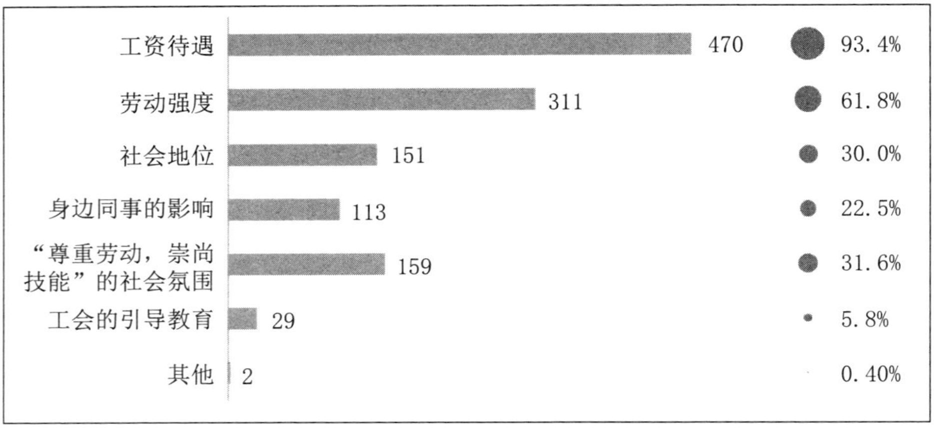

图 3.10　受访职工“爱岗敬业”的影响因素

三、煤炭产业工人发展面临的挑战

（一）结构性问题突出

经过大规模兼并重组后，A 省煤炭产业结构发生了很大变化，大量民营或集体经营的小煤矿被整合到国有煤炭企业中，国有企业正规合法的管理制度、职工福利保障体系和成熟的技术技能体系也得以扩展到更大规模的职工群众中，这是 A 省煤炭产业工人队伍建设获得巨大成就的重要基础。不过，调研中也发现，国有煤炭企业在职工队伍结构、工人地位、工人发展通道、高端人才引进、技能形成体系和工资薪酬体系等方面还存在一些亟待解决的问题，需要引起高度重视。

一是分流安置的压力很大，职工队伍稳定性和结构性问题突出。在吸收大量非公有制煤炭企业工人之后，省属煤炭集团的产业工人队伍规模大幅增加，当前省属煤炭集团的职工总数达到 110 多万人。自国家推行供给侧结构性改革和去产能政策以来，2016 年和 2017 年，省属煤炭集团通过内部转岗和外部分流等方式已经安置职工达 4 万多人，2018 年继续推进去产能政策和解决去产能职工的分流安置问题。企业问卷调查显示，受访的 109 家企业的职工规模从 2013 年的 33 万多人降低到 2018 年的不足 30 万人，减少了约 10%。

煤炭产业在 A 省的经济格局中十分重要，其他经济部门吸纳剩余劳动力的能力比较有限，去产能职工的安置分流问题越来越严峻。如果不能妥善处理，大量去产能职工和其家庭的生计受到威胁，也可能引发规模性失业和重大群体性事件。如何做到结合各集团的实际情况，制订妥善的安置计划，有序推动稳步实施和确保分流职工就业有出路、生活有保障，是 A 省煤炭工业和五大集团面临的艰巨任务和严峻挑战。

二是职工队伍尤其是产业工人队伍的结构性问题比较突出。即便职工规模处于下行趋势，但其体量依然庞大，而且面临着诸多结构性问题，如年龄结构老化、采掘一线工人奇缺和新兴产业技术性人才储备不足等。

1. 年龄结构老化

企业问卷的数据显示，煤炭工人的平均年龄为 39 岁，35 岁以下的不到三成，40 岁以上的占一半以上。职工问卷数据显示的工人平均年龄要小一些，但这种情况大概率是由抽样偏差导致的。从工龄来看，职工问卷受访工人的平均工龄约为 13 年，在本企业的平均工作时间长达 11 年。在年龄结构偏大的同时，愿意进入煤炭行业工作的年轻人越来越少。我们在座谈中发现，受访职工多次谈到“80 后”与“90 后”年轻人的劳动态度和社会心理问题：不肯吃苦，不愿意从事体力劳动。再加上前几年煤炭行业不景气，越来越少的年轻人愿意到煤炭企业工作。近几年，省属煤炭企业暂停招工，使得年龄结构更加老化。对于比较依赖体力劳动的煤炭行业来说，年龄结构问题不容忽视。

2. 采掘一线工人奇缺、新兴产业技术性人才储备不足

在职工年龄结构老化的同时，A 省煤炭行业还面临煤炭开采一线工人奇缺和现代煤化工等新兴产业技术性人才短缺的问题。一方面，煤炭开采的一线工人奇缺。由于兼并重组、去产能安置和减量置换等政策的影响，很多煤矿存在大量富余人员。这些职工大多年龄偏大，教育水平低，工龄比较长，由于长期从事煤炭开采工作，身体机能受到一定损伤，很难适应煤炭行业的技术升级和产业调整，大多已经退出煤炭采掘的第一线。不少企业提到，一线采掘队很多处于缩编或不满编的状态。另一方面，随着技术升级和产业链条的延伸，尤其是现代煤化工的发展，高素质的技术性人才比较奇缺。在座谈的企业中，现代煤化工企业的职工在年龄结构、知识结构和教育水平上都比煤矿企业合理。但这些现代煤化工企业也面临人才短缺的问题。有企业反映“招聘难、留人难”，相关院校相关专业的大学毕业生越来越不愿意进入煤炭行业工作，虽然每年都能招聘到一定数量的本科生，但往往在一两年内流失大半，能留下的基本是本地人或煤炭子弟。有的现代煤化工企业是在原有的人才和技术储备基础上发展起来的，技术和生产流程上的跳跃性比较大，职工适应新设备、新技术、新流程的能力比较弱。虽然这些企业已经采取了大量应对方法，但是非常吃力，为此付出了巨大的努力，其进一步的扩张也受到人才不足的制约。

在产业工人队伍的建设过程中，队伍稳定性显然具有基础性的意义。队伍不稳定或者缺乏新鲜血液补充，就很难进行更高层面的理想信念和技术水平的提升。对于 A 省而言，打造一支稳定且充满活力的煤炭产业工人队伍已经成为一个严峻的问题。

（二）经济和政治地位弱化

改革开放以来，我国经历了经济体制的剧烈变革，国企工人的优越地位不仅不能保持，反而呈现持续下滑的趋势。A 省煤炭产业工人也不例外，主要体现在经济地位、政治地位和主人翁意识淡化三个方面。

1. 经济地位不高，收入水平低，存在生活压力

数据显示，A 省煤炭工人的平均月收入为 3707 元，相当于 2017 年 A 省城镇非私营单位就业人员平均工资的 74%（月均 5005 元）；在有效的 504 份职工问卷中，月均工资低于 3000 元的工人占 43.8%，低于 4000 元的工人占 67.5%，低于 5000 元的工人占 85.5%。综合考虑过长的劳动时间、艰苦的劳动条件等因素，A 省煤炭工人的收入水平仍然偏低。此外，职工个人月均收入占家庭月均收入的比例大约为 70%。大多数煤炭工人属于“已婚有家庭和有子女”的状态，对于他们来说，其个人收入为家庭收入的主要来源，要负担家庭的主要支出以及子女的教育和抚养费用，生活上还是存在一定压力。

2. 政治地位体现不明显

工人参与国家治理和各个层级政治建设的途径比较单一。在职工问卷数据中，党员的比例接近三成（28.1%），但担任或曾担任各级党代表的职工仅有 13 个（占 2.6%），没有受访职工担任或曾担任各级人大代表和各级政协委员，担任或曾担任过各级职代会代表的职工有 25.3%，担任或曾担任过各级妇代会代表的职工仅有 2 个。由于本次调查并非概率抽样调查，可能存在较大的抽样误差，以及上述政治身份在人群中的总体比例较小，本次调查数据可能反映不出煤炭工人政治地位的高低。但是，本次调查呈现的数据足以引起重视。

3. 主人翁意识淡化

由于在日常的工作和生活中，经济地位和政治地位得不到有效保障，煤炭工人的自信心、自豪感和认同感都比较缺乏。数据显示，近三成（29.7%）煤炭工人认为自己的收入在当地处于低等水平，43.8% 的煤炭工人认为处于中等偏下水平，认为自己收入处于中等偏上水平的仅占 2.0%。58.4% 的煤炭工人对自己的收入不满意。煤炭工人“收入低、地位低”，并且从事的工作劳动强度大，较为艰苦和枯燥，导致“不愿意做工人、不愿意做煤炭工人”已经成为“80 后”和“90 后”两代青年人的主要意识倾向。

（三）高端人才的引进和发展存在制度性障碍

调研发现，A 省煤炭工人的人才结构存在比较突出的失衡问题。受制于国企的管理体制，A 省煤炭行业在高技能的高端人才引进、稳定和发展方面还存在很大的进步空间，配套制度亟须创新。

在供给侧结构性改革、新旧动能转换和产业优化升级的大潮下，高精尖人才成为经济发展的核心动力。近年来，包括 A 省在内的全国各地都出台了大量优惠政策，大力引进高端人才。我们在调研中发现，煤炭行业在这方面的力度不够，即便是在技术密集的现代煤化工企业，也很难招聘到真正高精尖的人才，其原因主要是对人才的定义存在大众化、一般化的弊病。所谓高端人才并非简单的“院士和‘985’博士”，而是具有本行业特点的、适应本行业发展趋势的人才，如经验丰富、完全熟悉生产流程且有创新能力的工匠型技术工人，他们虽然没有高学历和人才称号，但对企业发展却是至关重要。吸引不来院士和博士不要紧，能留住这类人才，促进他们的成长，对煤炭产业来说也尤其重要。在保证“人才观念不错位、人才鉴别不走偏”的情况下，只有完善人才引进和激励的配套制度，加大人才的投入，才能找来人留住人。

即便是技术要求很高的现代煤化工企业也很难吸引高技能人才。一是这些企业的地理位置有点偏，远离省会和地区中心城市。近年来，高端人才越来越倾向于留在大城市或区域中心城市。A 省的城市虽有很大发展，但在全国辐射力和影响力都比较有限。即便是省会城市，在吸引人才的竞争力方面也远不如东部沿海的大城市，其他地级市更差一些。企业的这种地理分布特征对其引进人才和留住人才造成了一定的困扰。二是国企的薪酬和管理体制难以吸引和留住高端人才。企业每年都去相关高校招聘相关专业的人才，但很少有博士以上的人才应聘；即便招来本科生，也往往在一两年内流失大半，能留下的往往是本地人或煤炭子弟。

（四）薪资水平过低、技术提升激励不足

煤炭工人的总体薪资水平不高，这一点前文已述。调研发现，在总体工资不高的前提下，煤炭企业在工资薪酬体系上存在比较多的问题，具体表现在以下三个方面：

1. 工资薪酬的行业和职业不平衡

调研发现，煤炭采掘行业的工人工资普遍高于煤化工企业。一线的井下采掘煤炭工人工资可以达到煤化工企业一线工人的三倍多。这种安排固然是考虑到一线采掘工作非常辛苦，愿意从事这类工作的人员比较少，因而采取增加工资的激励措施，但这不能成为其他岗位工资水平低的理由。增加这部分职工工资的同时，也应该考虑到其他岗位的工资绝对水平，适度提高全行

业的工资水平。

2. 技术技能水平的提升缺乏足够的激励

煤炭企业都出台了完整的政策，将工人的工资水平与技术技能等级挂钩，但总体来说，技术技能等级的提升所带来的工资收入的增加比较有限。比如在有的煤矿企业，技能工资的标准是：初级工没有技能补贴，中级工额外补贴 100 元，高级工补贴 150 元，技师补贴 300 元，高级技师补贴 600 元。这种补贴力度难以充分体现高技能的价值。

3. 工资增减机制与行业景气不同步

2012 年之后，随着煤炭行业的不景气和利润的下滑，煤炭工人的收入水平有所下滑，其生活生计受到了很大的影响。在 2017 年底煤炭利润有所提升的时候，我们在调研中发现，职工的工资收入并没有随着企业利润获得较大回升，干部职工对工资增长机制的意见比较大。

（五）发展通道亟待延长和拓宽

调研发现，煤炭企业在拓宽产业工人发展空间和畅通产业工人流动渠道方面做出了一些有益有效的探索，如出台专门的规章制度，清晰设置产业工人技能等级和评价标准，将技能等级和称号作为确定工人薪资层级的主要标准，以及在国家规定的高级技师之上加设更高等级称号等。这些经验值得进一步探索和讨论。

座谈发现，集团公司制定的技能等级和薪资层级提升的标准过高，超出工人目前的能力水平。在集团制定的技能等级提升标准中，学历水平、比例限制等都形成相当程度的限制作用。有参与座谈的工人认为，很多老工人学历不高，但是技术技能水平很高。很多学历高的人不能解决的技术难题，他们可以轻松解决，但是受限于学历水平，技能等级一直提不上去。而对于年龄和精力都有限的老工人来说，提高学历水平的难度非常大。在集团公司的岗位设置和聘任管理办法中，高技能人才的聘任都有比例限制，如高级技师比例不得超过本单位本工种定员人数的 3%，技师比例不得超过本单位本工种定员人数的 10%，本单位每个工种首席技师不得超过 1 人，等等。

在现代煤化工企业中，可获评高级技师以上职称的工种极为有限，与鼓励发展现代煤化工的引导方向不符。随着煤炭行业工种岗位的重新调整，适用于“煤炭”产业的工种类型较多，可达 20 多种，但适用于“化工”产业的工种类型较少，有的企业只有两个工种（“甲醇合成工”和“聚氯乙烯生产工”）。对于发展中的新型煤化工企业，其工种类型远不止两种。这种制度设计在很大程度上限制了煤炭产业工人的发展。

另外，有些参与座谈的职工属于“工转干”身份，即在技术工人和技术人员的序列中做出优异成绩，然后被企业提拔为干部。“工转干”不失为一种个人发展的有效渠道。但是，这种渠道毕竟是极少数，需要满足苛刻的条件。

发展通道的“延长”是指产业工人可以在技术工人和技术人员的序列中获得晋升进步的空间，如等级和职级链条的延伸，需在制度上设计完整的上升渠道，使最高等级的工人和技术人员可以获得不亚于高级管理人员的身份地位和待遇水平。而发展通道的“拓宽”是指产业工人有条件转入其他序列发展，如从工人序列转到技术人员序列，从技术人员序列转到党政管理人员序列。只有将工人的发展通道打通、延伸和拓宽，才能打造一支稳定的、高技能的煤炭产业工人队伍。

（六）技术技能教育和培训亟待加强

与少数高端人才相比，训练有素技能娴熟的技术工人是产业工人队伍的主要力量，其技术技能的形成依赖于技能培训和技能教育的完善。在国企传统和多年经验积累下，煤炭企业非常重视职工的教育培训工作，都形成了非常完善的技术技能培训体系。在技能教育方面，A省拥有多所高水平的煤炭职业教育学校，为煤炭行业发展提供源源不断的人才。经过调研，我们发现，在以下四点上还可以有进一步发展的空间。

1. 职业教育与职业培训的衔接有待加强

调研中发现，通过职业教育培训的学生在进入煤矿工作后还需要相当长时间的适应，如对煤矿的安全环境、地质特点等熟悉后才能正式上岗。这从侧面反映了职业教育和职业培训在衔接上仍然存在不畅通的地方，经过职业教育的年轻工人在工作岗位的适应上还有待加强。

2. 职业技能的鉴定欠缺整合统一

一般来说，经过高职教育可以拿到相应的中级职业资格证书，但其未必能适应具体煤炭企业的技能要求，因而在企业看来效力不够。座谈中发现，有的企业已经发展出一套职业技能的评价和鉴定体系。这对于技能工人的流动性造成一定的影响，不利于其发展空间的拓展。由于产业的高度集中，A省煤炭行业有条件实现职业技能的整合统一。当然，这建立在职业教育学校与煤炭集团企业深度合作的基础上。

3. 职业教育发展后劲不足，难以适应产业转型升级的需要

煤炭职业教育的发展与行业的发展和经济形势密切相关，近年来煤炭行业的不景气对煤炭职业教育的发展造成了一定影响。跟煤炭行业一样，煤炭

职业教育也面临转型升级的严峻挑战，在专业设置、人才引进、教育方法和经费投入等多个方面都需要开拓创新。从学生的角度来说，如何吸引优秀的学生进入职业教育也是一个重大命题。目前的高考招生制度是单线的梯度录取，上不了本科的学生才会考虑进入高职院校。调研中的一个发现是，高职院校的录取分数逐年下滑，学生素质也随之下滑。以往认真学习技术和知识的学生在如今的课堂上已经很少见了，课堂的秩序和教学质量也难以保证。

4. 职业教育与普通教育的衔接不畅

职业教育与普通教育之间应该有多样化选择、多路径成才的“立交桥”。选择职业教育的学生应该获得充分的进一步深造的机会，这样才能为其技能发展创造条件，这也是高素质技能人才培养的应有之义。从调研中我们发现，有些技术工人在工作后还可以获得进入高等院校进一步深造的机会，这是非常好的尝试，但是目前涉及的人数不多，还面临一系列制度上的阻滞，需要进一步的改革。

第四章

技能升级：产业工人的技能养成体系

高素质技能型产业工人是创造社会财富的中坚力量，是国家经济实力的重要组成部分，对于企业而言，则是企业生产的主力军和核心竞争力。当前，中国经济正处于转型发展的关键时期，对于产业工人来说，技术技能提升空间广阔、需求迫切。本章主要基于煤炭产业的调查资料，讨论相关部门和企业通过不同的技能培训形式促进煤炭产业工人技能升级的问题。主要内容包括：目前煤炭企业开展技术技能培训的情况；学徒制作为一种重要的技能养成方式，在煤炭企业当中的实践形式和效果；劳动和技能竞赛作为重要的技能培养平台，在提高产业工人素质、推动企业进步、促进经济发展方面的情况；对于煤炭产业而言特别重要的安全教育和培训问题。

一、技术技能培训

2006 年，财政部、全国总工会、国家发展和改革委员会等九部委联合下发《关于企业职工教育经费提取与使用管理的意见》，明确规定了要切实保证企业职工教育培训经费足额提取及合理使用，即“一般企业按照职工工资总额的 1.5% 足额提取教育培训经费，从业人员技术要求高、培训任务重、经济效益较好的企业，可按 2.5% 提取，列入成本开支”。此外，《中华人民共和国就业促进法》《企业财务通则》《企业会计准则》以及《中华人民共和国企业所得税法实施条例》等也对职工教育经费的提取和使用方式作了明确规定。相关文件和政策明确了要保证经费专项用于职工，特别是用于一线职工的教育和培训，职工教育培训经费必须专款专用，面向全体职工开展教育培训，特别是要加强各类高技能人才的培养。[①]

（一）基本类型

1. 传统培训类型

《关于企业职工教育经费提取与使用管理的意见》规定，企业职工教育经费基本列支范围为：（1）上岗和转岗培训；（2）各类岗位适应性培训；（3）岗位培训、职业技术等级培训、高技能人才培训；（4）专业技术人员继续教育；（5）特种作业人员培训；（6）企业组织的职工外送培训的经费支出；（7）职工参加的职业技能鉴定、职业资格认证等经费支出；（8）购置教学设备与设施；（9）职工岗位自学成才奖励费用；（10）职工教育培训管理费用；（11）有关职工教育的其他开支。为保障企业职工的学习权利和提高职工的基本技能，职工教育培训经费的60%以上应用于企业一线职工的教育和培训。在当前经济转型的关键时期，职工教育培训经费的重点是投向技能型人才，特别是高技能人才的培养，以及在岗人员的技术培训和继续学习。

加强培训、提升技术技能等级，是推动产业工人职业发展和全面发展的主要方式。调研中我们发现，我国煤炭行业各集团公司对职工技术技能培训工作整体上都高度重视，主要表现在以下几个方面：一是完善职工技术技能培训工作的相关制度，强化“以考促学、以比促学、以用促学”工作机制，不断建立和完善技能人员的培养、评价、聘任、激励机制；二是制定科学有效的培训规划，分层次、分类别、多渠道、重实效地开展职工培训和人才

① 胡玉玲．我国职工教育经费的使用规定与现实意义［J］．工会博览，2017（9）：23-24.

培养工作；三是构建多元化、系统化的培训体系；四是确保经费投入，使各年度职工教育经费使用额度稳中有升，用于生产一线的培训经费达到或超过60%的规定比例。

我们对煤炭企业的培训情况进行了调研，按照培训性质不同进行分类（见表4.1），受访职工填写的1037个培训项目中，资格培训的比例占39.5%，适应性培训占23.8%，技术等级培训占11.8%，继续教育占7.3%。所有培训平均课时为每年20.6小时。

表4.1　不同培训类型的培训情况

培训类型	频率（人次）	百分比（%）
资格培训	410	39.5
适应性培训	247	23.8
技术等级培训	122	11.8
继续教育	75	7.3
其他培训	183	17.6
总计	1037	100.0

按照培训主体不同进行分类（见表4.2），其中，本企业组织的培训占比69.4%，行业组织培训占比12.0%，委托第三方机构进行培训的占比8.2%，政府部门组织的培训占比5.9%，设备厂家组织的技术培训占比4.5%。

表4.2　不同培训主体的培训情况

培训主体	频率（人次）	百分比（%）
行业组织	119	12.0
设备厂家	45	4.5
本企业	690	69.4

续表

培训主体	频率（人次）	百分比（%）
政府部门	59	5.9
第三方机构	82	8.2
总计	995	100.0

在由本企业组织的培训中，一些煤炭集团企业依托集团、二级单位、科队车间、班组四级培训网络，积极实施培训品牌塑造工程，推动转型发展。通过整合企业内部资源，开展面向基层、服务党员干部的培训学习，以提供问题解决方案为导向，合理设置培训目标，以学员为中心，打造“叫得响、过得硬”的培训品牌。

调研中我们发现LA集团“干部上讲台，培训到现场”的“3+2”工作模式非常值得推广。“3”即开办“管理大讲堂、创新大讲堂、技术大讲堂”三个讲堂，“2”即搭建技能大师和创新工作室两个平台。管理大讲堂以班组长、后备干部、现任中高层管理者能力提升为重点，探索国际化培训的途径，积累国际化管理团队培训经验；创新大讲堂侧重于体制机制改革、制度创新、管理和技术创新、转型变革等方面的培训；技术大讲堂围绕重大事故预防和企业战略转型工程技术，侧重于现行先进技术推广和落地、现行技术管理存在问题改进提升方面的培训。同时，还以技能大师和创新工作室为依托，整合全集团大师资源，结合各单位技术和创新特点进行高端技能、绝技绝活等方面的培训，培育能进行技术改造和研发、突破关键技术性难题的高技能领军人才，由点带面形成集团技术技能优势。

此外，各煤炭集团公司还通过定期组织技术论坛或研讨会等形式，为优秀技能人才搭建沟通交流平台；组建优秀技能人才工作服务队，深入各生产单位解决技术难题或推广先进操作方法；有计划地选派优秀技能人才赴先进企业和知名院校进行脱产学习、参观考察和技术交流，从而将优秀技术人员的技术优势在集团公司内部进行推行、传授，带动整个产业工人队伍技术水平的全面提升。

2. 互联网培训模式

互联网时代，在线学习平台具有便捷、迅速、不受空间时间限制等优势，可以整合各类网络课件资源，为员工构建远程教育培训网络，创新员工在线学习培训模式。企业通过培训网络，可以有效克服传统培训授课方式的不足，使培训内容更加贴近实际，培训形式更加灵活多样，有利于互学互促、互帮互助，提升整体培训效果。

煤炭企业充分发挥在线学习平台的优势，线上线下培训相结合，使培训形式更加灵活，丰富了培训内容，提升了培训效果。一些煤炭集团还根据企业人才梯队建设需求，整合优化各类培训资源，细化企业中高级管理人员培训、安管人员培训、班组长培训、业务技能培训、非煤安全培训、特种作业人员培训、拓展训练、员工学历提升培训等功能，逐步完善多层次的员工培训体系。

例如，LA 集团的企业大学学习平台网络课程目前已达 1000 多门、5000 多讲，总计注册人数为 39227 人，共有 140 万人次访问新版平台，累计学习 38000 多小时，“在线学习平台”已经成为职工碎片化、系统化学习的主渠道。以“支撑企业战略发展，服务员工职业成长”为目标，依托在线学习平台的现代信息技术优势，整合现有网络教育培训资源，建立完善集岗位培训、过程管理、实操技能训练、在职学历教育、人才能力测评、知识技能竞赛、模拟考试练习、企业文化宣传、在线咨询服务等于一体的企业大学网络平台，逐步建立起包括课程体系、自主学习、作业辅导、网上测试、过程监控等各个教学环节的网络教学模式，形成科学的网络教学工作管理机制，探索构建企业队组虚拟学习社区和企业学习生态圈，为企业员工提供多样化的在线学习服务。

3. 工作站项目模式

建立工作站模式进行人才培养也是近几年煤炭企业的一个创新做法。所谓工作站模式，就是企业联合科研院所，以实验室为依托，集合企业管理者、技术人员、普通工人，科研院所的专家、学者和学生等组成研发团队，共同开展关于某项技术技能的研发和应用，实现企业关键技术的突破，同时为企业培养技术技能人才。

我们在调研中了解到，XM 公司是 1998 年正式建矿的一家煤炭生产企业，有员工 5000 人，主要开采的煤层是 3 号、8 号、15 号，基本上都属于厚煤层，瓦斯浓度比较大，其中 3 号煤还属于突出煤，危险性高。为降低瓦斯爆炸危险系数，企业于 2014 年成立瓦斯井下采集工作站，针对高瓦斯问题培养瓦斯技术治理人才。采用的方式是跟高校进行合作，企业先后从中国煤炭科学院、中国矿业大学等科研院所聘请教授、专家和学生进行合作研究，工作站由企业高层管理者牵头，由工程师、技术人员参与，在校期间进入工作站实习实训的学生毕业之后可以留在企业工作，工作站项目在为企业培养技术技能人才方面发挥显著作用。企业每年的科研项目中，瓦斯科研项目占着很大一部分比例，大大降低了瓦斯事故的发生率。

（二）培训效果

1. 培训提升了产业工人的技术技能水平

企业职工教育经费用于职工培训，是企业开发人力资源、提高组织自主创新能力的基础保障，是提升职工职业技能和岗位能力，适应经济发展、技术进步不可或缺的重要资源。职工教育经费的规范使用能够全面提高企业职工队伍的整体素质，在团队学习、全员学习的过程中建立企业愿景，实现组织成员的自我超越，也有助于建立职工教育培训工作的长效机制。

近年来，煤炭企业致力于打造人才开发培养的平台，在提升产业工人技术技能水平方面成就显著，获得职工较高的满意度。调研数据显示，2017 年我国 A 省整个煤炭产业年人均培训时长为 46.06 小时，其中，LA 集团、YM 集团、JM 集团等年人均培训时间高于平均值，各集团公司的培训经费都明显倾向于技术工人和操作工人。与此同时，在对职工调研关于培训满意程度情况的提问中，职工对于培训效果“非常满意”和“比较满意”的比例为 70%，感到“一般”的占比 28%，“不太满意”和“很不满意”的占比 2%，说明工人总体上对于培训效果还是比较认同的。

以 XS 集团公司为例，2017 年 XS 集团公司坚持发展现代职业教育的理念，科学规划和组织实施年度培训计划，加强培训“三基”管理（基层组织、基础工作、基本能力），继续深化“人本安全、培训教育、素质提升”工程，落实“全员素质专业化”工作要求，强化“以考促学、以比促学、以用促学”工作机制，分层次、分类别、多渠道、重实效地开展职工培训和人才培养工作，管理人员“知责、履责”能力、专业技术人员创新能力和操作人员的基本素质都得到了显著提升。XS 集团公司还充分发挥职工教育中心的基地作用，集中开展脱产培训、业余自学培训和班前培训，提高广大职工的专业技术知识和实际操作水平，促进了职工技能水平的进一步提高。2017 年全年职工教育经费使用 8369 万元，其中生产一线培训经费占到 62%。培训初、中级技工 13835 人，举办高级技工、技师、高级技师培训班 42 期；培训高级技工、技师、高级技师 2059 人；举办各类管理业务人员培训班 83 期，共培训 4052 人次。

2. 培训拓展了技能人才的发展渠道和空间

产业工人的发展路径主要来自技能等级的提升，主要是国家规定的五个等级的职业资格：从初级工到中级工、高级工、技师、高级技师。A 省各煤炭集团积极拓展技术工人的发展渠道，设置技术大拿、技能大师、首席技师等高等级岗位，为煤炭产业工人的发展打开了更大的空间。

在中共中央、国务院印发《新时期产业工人队伍建设改革方案》之后，JJ 集团制定了《关于员工职业发展通道建设的指导意见》，此后又下发《技能人员管理办法（试行）》（以下简称《管理办法》），在国家职业资格等级之外，设置首席技师、技能大师、技术大拿三个新层级，以完善技能人员培养、评价、聘任和激励机制，拓宽技能人员职业发展通道。根据《管理办法》规定，技术大拿由各单位根据生产队组的数量进行设置，原则上每个队组设置 1 人；技能大师的数量一般情况下是集团公司的每一个二级公司设置 1 人；首席技师基本上是一个集团公司设置 1 人。技能人员虽然原则上在本通道内通过竞聘程序晋升或调整，但也有机会走向专业技术岗和管理岗。向管理人员、专业技术人员流动的技能人员，一般是先办理解聘手续，然后按相应选拔任用程序进入其他岗位。

在调研中，我们还了解到，A 省大多数煤炭产业工人认为，在技能养成过程中，一个普通职工要想成为熟练的技术工人，最重要的环节和因素是“企业需要不断加大实操培训力度和经常性搭建交流比武平台”“对于企业中脱颖而出的技术工人，要及时给予配套待遇，促进技术工人的积极性，增加技术工人的自豪感，成为引领企业员工学技术、强技术、比技术的标杆人物，在企业内部形成良好的工作作风和竞争氛围”。

3. 形成技术技能培训和技能鉴定的完整体系

煤炭产业在能源发展中重要性突出，产业规模巨大，具有显著的行业特点，因此传统上形成了煤炭产业工人培养、培训和技能鉴定的独立而又完整的体系，企业成为组织煤炭行业职业技能鉴定的重要主体。在这一传统下，我国煤炭行业技能人员职业技能鉴定也与企业实现了相对较好的融合。

据调查，A 省各大煤炭集团公司基本上都设有职业技能鉴定站，负责集团和本地区煤炭行业特有工种职业技能鉴定及劳动行政部门批准的通用工种职业技能鉴定工作。此外，各基层单位还可以根据自身工种特点，确定优势技能工种，首先向集团公司进行申报，确定优势工种下的技能鉴定试点单位，集团公司审核后，统一向省一级职业技能鉴定中心报批。

总体上看，A 省煤炭行业职业技能鉴定工作较为深度地融入企业的人力资源管理和职工素质提升工作中，有利于将行业技术鉴定与企业的工种情况、优势技术相结合，既能够充分发挥企业的技能优势，又结合了企业对技术工人的需求，也进一步保证职工的利益，提高员工收入水平，提高技能鉴定的效率，是值得借鉴的行业技能鉴定经验。

例如，JD 公司是集团公司进行技能人员发展通道的试点单位，结合公司优势工种，开展国际电焊工的取证培训，承办 A 省的职工职业技能比赛，还成立了大师工作室，主要进行电焊工的专项培训；XS 集团劳资处职业技能鉴定站根据本集团优势，对安全检查工、保安员、材料员等96个工种每年超过五千人进行职业技能鉴定考核工作，经过理论考试、实际操作考核（答辩）及综合评审，对本集团相关员工进行考核和选拔；YQ公司在职业技能鉴定工作中，明确各下属单位的人力资源部门是主要责任部门，强调有计划地组织开展年度报名工作，扎实开展员工鉴定前培训工作，严格实施鉴定考试考核工作，并对各单位年度鉴定工作进行综合考评。

二、学徒制

企业学徒制对于提升产业工人技术技能具有十分重要的作用。从世界范围内看，学徒制最早是从中世纪的欧洲产生，经历了几百年的发展，由最初应用于手工业和技艺行业、作为维系和扩张家庭生产的一种主要方式，发展到如今几乎应用于各个产业的不同行业，成为企业人才培养的一种重要模式。

2017年国务院办公厅颁发《关于深化产教融合的若干意见》，指出“在技术性、实践性较强的专业，全面推行现代学徒制和企业新型学徒制”。[①] 近年来，在相关政策的指导下，很多煤炭企业结合自身实际情况，探索和创新符合企业发展需要的现代学徒制和企业新型学徒制，对传统学徒制进行继承和发展，通过传、帮、带，延续优良的工作作风，创新人才培育模式。

① 国务院办公厅关于深化产教融合的若干意见［EB/OL］. http://www.gov.cn/zhengce/content/2017-12/19/content_5248564.htm.

（一）基本形式

1. 传统学徒制

学徒制是企业培养技能人才的传统方法，是企业中经验丰富并且熟练掌握相关知识技能的人才与经验技能不足或新入职的职工之间建立起来的一种培养与被培养关系，是一对一实践辅导模式。即寓教学于工作之中，师傅通过演示、指导、观察、纠正等工作环节帮助徒弟在实际操作中掌握技术技能，并逐步达到精准熟练的程度；学徒在实践中跟随师傅进行日常工作，先观摩师傅的做法，然后自己动手做，由师傅手把手指点，逐步掌握技术要领，直到熟练掌握。

以 SM 公司为例，其传统学徒制的基本内容和流程较为成熟和完善。首先，需要签订正式师徒合同。师徒培训一般包括两类，一类是新入职培训，另一类是技能素质提升培训，培训期限从 4 个月到一年甚至更长时间，师傅和徒弟一对一结对是从签订正式师徒合同开始的，合同确定了师徒双方的基本关系。师徒合同主要包括的内容有：明确合同宗旨；制定合理培养方案和目标；确定师徒双方的权利、义务和违约责任；确定日常培训考核标准、双方的待遇等。

其次，企业制定有效的管理和监督制度。在师带徒期间，师傅干什么徒弟就干什么，师傅手把手地教徒弟，从基础知识着手，在教与学中对徒弟进行技能培训。人力资源管理部门负责对培训过程进行日常跟踪管理，要求师傅制订阶段性的培训计划，要对学徒的学习情况进行详细记录，学徒要填写学徒日志，并有每个阶段的总结，所有资料都要按规定提交人力资源管理部门备案，人力资源管理部门定期进行检查监督，并指导各项培训工作的有效落实。规定培训期限结束时，师傅要对徒弟进行考核、鉴定。鉴定合格的学徒可以出师，方可正式上岗。SM 公司的电工、技术工、维修工一直是在师带徒制度下培养专业技术工人。

最后，企业制定完善的奖励和激励机制。煤炭企业新职工的上岗培训是一种强制性规定，而不同工种的工人技能素质提升原则上是采取自愿原则，必要的奖励和激励机制能够确保师带徒制度的有效运行，各煤炭集团均严格执行岗位技能津贴和师带徒津贴制度。SM 公司师带徒制度主要采取奖金激励措施，包括师带徒期间，师傅可以按月获取一定的奖金，也包括将来徒弟出师之后，如果通过考核得到技能职称等级的提升，企业也对师傅有奖金激励。比如采煤机、掘进机的故障处理相关工种，如果新工人没有独自操作的经历，必须有师傅在现场指导，徒弟才能动手操作，在一定培训期间的反复操作后，经过师傅考核合格后，徒弟方可独立上岗操作一套设备。由于徒弟的技能素质获得提升，师傅有奖励，徒弟将来独立处理井下事故，也能获得相应的下井补贴和津贴。

2. 现代学徒制

2014 年 2 月 26 日，李克强总理在国务院常务会议上确定了加快发展现代职业教育的任务措施，提出“开展校企联合招生、联合培养的现代学徒制试点”。2014 年，国务院发布《关于加快发展现代职业教育的决定》，首次提出企业要发挥重要办学主体作用，提出办职业教育不仅是学校的事，也是企业的事，企业应参与教育教学过程。同年，教育部印发《关于开展现代学徒制试点工作的意见》，强调“深化产教融合，促进教育链、人才链与产业链、创新链有机衔接，是当前推进人力资源供给侧结构性改革的迫切要求，对新形势下全面提高教育质量、扩大就业创业、推进经济转型升级、培育经济发展新动能具有重要意义”。在推进产教协同育人方面，还强调“大力发展校企双制、工学一体的技工教育。深化全日制职业学校办学体制改革，在技术性、实践性较强的专业，全面推行现代学徒制和企业新型学徒制，推动学校招生与企业招工相衔接，校企育人‘双重主体’，学生学徒‘双重身份’，学校、企业和学生三方权利义务关系明晰”。国家发改委、教育部、人社部联合国家开发银行印发了《老工业基地产业转型技术技能人才双元培育改革试点方案》，核心内容也是建立产教融合、校企合作双元办学模式，为老工业基地振兴培养更多高素质劳动者和技能型人才，推动东北地区等老工业基地加快产业转型升级。

现代学徒制是以职业院校为主体，职业院校主动寻求与企业在技术服务层面的合作，广泛开展双边、多边技术协作，共同开展和承担课题研究、技术开发、应用技术咨询、新技术培训和推广等服务，推动产学研结合向纵深发展。现代学徒制将传统人才培养模式与现代学校教育相结合，融合学校与企业的双重作用，进行高素质、高技术人才培养，双导师制是现代学徒制实施的重要特征之一，学徒的理论与实践培养是在双导师的共同努力下完成，双导师的专业背景、教学能力、职业操守、实操能力等都会影响到学徒培养质量。

目前，A 省煤炭行业一些职业技术学校正在积极探索实践办学体制机制创新和校企合作模式，推动“政府主导、行业指导、企业参加、学校主体”的合作办学体制机制。我们对 A 省某煤炭职业学院进行了调研，该学院建有 10 多个校内实训基地、90 多个实验实训室，设有中国矿业大学 A 省函授站及学院直属函授站。学院以促进就业为导向，以创建优质高职学院为目标，确定了“2123”工作思路：两个依托，即依托煤炭行业、依托 A 省转型综合改革示范区；一个聚焦，即聚焦教育教学中心工作；两个深化，即深化综合改革，深化产教融合、校企合作；三个突破，即在调整专业结构和布局方面取得突破，在改善办学条件方面取得突破，在服务区域经济发展方面取得突破。目前，该学院已与示范区管委会及企业进行深度合作，建立“产教联盟”和“培训学院”，探索“现代学徒制”和“订单培养”，2017 年，为示范区和企业进行培训以及送教下矿 2360 名学员，更好地实现了人力资源的增值与企业增效共赢，获得了良好的社会效益和经济效益。

3. 企业新型学徒制

加强企业技能人才队伍建设，是增强企业核心竞争力、推动产业转型升级的必然要求，是稳定就业、化解就业结构性矛盾的重要措施，也是深入实施人才强国战略和创新驱动发展战略的重要内容。

为贯彻落实《国务院关于进一步做好新形势下就业创业工作的意见》《国务院办公厅转发人力资源社会保障部、财政部、国资委关于加强企业技能人才队伍建设意见的通知》等文件精神，进一步推进企业职工培训工作，创新技能人才培养模式，2015 年 7 月，人力资源社会保障部、财政部联合印发了《关于开展企业新型学徒制试点工作的通知》，并颁发《企业新型学徒制试点工作方案》，决定在北京市、天津市、内蒙古自治区、辽宁省、上海市、江苏省、山东省、河南省、广东省、重庆市、四川省、甘肃省等省（区、市）开展企业新型学徒制试点工作，每个省（区、市）选择 3 家至 5 家大中型企业作为试点单位，每家企业选拔 100 人左右参加学徒制培训。试点企业的基本条件为：企业重视技能人才队伍建设；建立较完善的企业职工培训制度；建立待遇与技能挂钩的激励机制；技能劳动者占企业职工比例达 60% 以上。① 此

① 人力资源社会保障部办公厅、财政部办公厅关于开展企业新型学徒制试点工作的通知［EB/OL］. http://www.mohrss.gov.cn/zynljss/ZYNLJSSzhengcewenjian/201508/t20150803_216721.html.

后，我国又相继出台一系列相关政策，2018 年，人力资源社会保障部、财政部印发《关于全面推行企业新型学徒制的意见》，开始在全国范围内全面推行企业新型学徒制，提出“力争到 2020 年底培训 50 万以上企业新型学徒，2021 年开始，实现培训学徒年均 50 万的目标”。

2021 年 6 月，人力资源社会保障部、财政部、国务院国资委、中华全国总工会、全国工商联共同印发《关于全面推行中国特色企业新型学徒制 加强技能人才培养的指导意见》（以下简称《指导意见》），全面推行中国特色企业新型学徒制，为实现企业高质量发展提供有力的人才和技能支撑。《指导意见》明确规定，中国特色企业新型学徒制以至少签订 1 年劳动合同的技能岗位新招用和转岗等人员为主要培养对象，发挥企业培养主体作用，推行培养和评价“双结合”，企业实训基地和院校培训基地“双基地”，企业导师和院校导师“双导师”培养模式。学徒培养目标以符合企业岗位需求的中级工、高级工及技师、高级技师为主，培养期限为 1 年至 2 年，特殊情况可延长到 3 年。各类企业可采用举办培训班、集训班等形式，采取弹性学制和学分制等管理手段，按照“一班一方案”开展学徒培训。根据产业转型升级和高质量发展要求，依据国家职业技能标准和行业、企业培训评价规范开展相应职业（工种）培训。

在对 A 省煤炭产业的调研中，我们发现当前企业新型学徒制的发展还存在一些瓶颈，如政府的经费补贴机制不健全、企业承担培训费用的压力、未来预期收益的不确定性都导致企业对新型学徒制的参与积极性不高，再加上高质量专业教育培训机构的数量不足，以及企业、院校、职工、培训机构各方协同机制的欠缺，都在一定程度上限制了企业新型学徒制的覆盖面和培训质量。

（二）实践效果

1. 有效提升产业工人技术水平

煤炭产业各个工种具有实践性非常强的显著特点，在实际操作过程中的经验判断、经验处理能力非常重要，这些对于新职工来说，既是短板又是迫切需要掌握的技能。同时，煤炭产业又是高危产业，工人的经验是在实操过程中逐步积累起来的，对于工作时间还不够长的工人来说，需要一个较长的时间来不断积累经验。具有实践经验的师傅，能够通过师带徒的方式，在最短的时间内让新员工、工作经验欠缺的员工获取到更多的实操经验，从而降低学习成本，提高操作中的安全性。

JD 公司的核心工种主要是机加工和电焊工，对技术的熟练程度要求高。公司主要是由师带徒开始，将非熟练工人逐渐培养成一个熟练工人。企业对新员工开展三级培训：公司、车间和班组。由有资历的老师傅带，主要进行实际操作，结合一些理论知识进行培训，经常组织工人参加岗位技能竞赛，提升新员工的技能水平，逐渐成为熟练的技术操作人员。

在职工问卷调研中，我们从 498 个有效样本中发现，针对“学徒制在我的技能形成过程中帮助很大”这一问题的满意度回答中，“非常同意”和“比较同意”的比例共达到 73%，这是对学徒制在实践中的肯定，员工从中学到了技能，获得个人提升。但需要注意的是，回答“不太同意”和“很不同意”的比例共有 6%。对于这部分职工，我们分析主要原因应该是在师徒配对环节有所偏差，导致实践过程无法有效磨合，降低了学徒制的预期效果。可见，在学徒制实践的各个环节，都需要做到更加精细化。（见图 4.1）

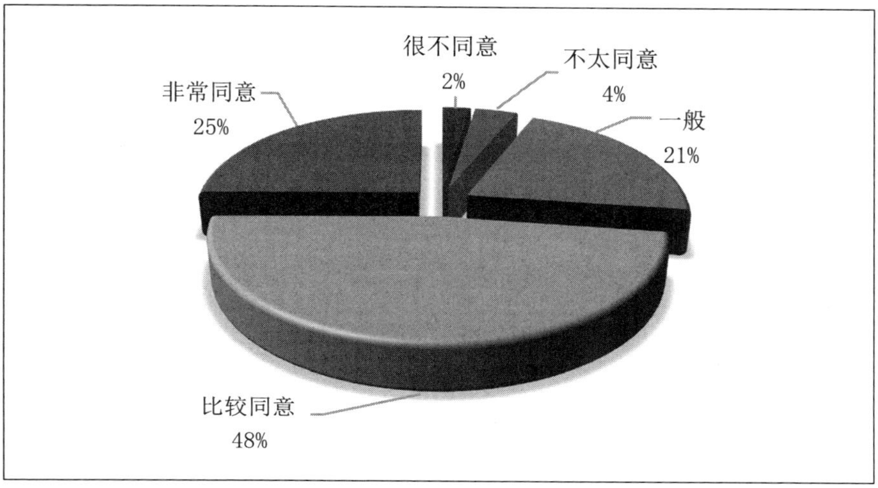

图 4.1 “学徒制在我的技能形成过程中帮助很大”的满意度回答比例

2. 逐步健全产业工人技能培养体系

中国师带徒制度由来已久，新中国成立后及工业化建设时期，师带徒制度在制造业中应用非常普遍，对于培养我国企业技术工人、促进企业技术发展具有不可替代的作用。一般来讲，师傅是由高级技工、高级技师等担任，他们大多工龄较长、工作能力强、技术水平高、工作经验丰富，具有爱岗敬业精神。在长期工作和学习实践过程中，他们通过反复操作、细心探索，不断学习和积累，摸索出独有的工作技巧。学徒制正是通过建立一对一指导的方式将这些宝贵的经验和技能传递给其他职工，从而提高整个企业的技能水平和工作效率。例如，JJ 集团规定首席技师等优秀高技能人才需要履行人才培养职责，通过师带徒方式提高集团整体技能水平。

传统学徒制是基于企业内部资源的一种培训制度，师傅来自企业内部的高素质技术人才，实现技艺的传承与积累，是我国改革开放前职业培训的主流方式。改革开放以后，系统化、标准化的学校职业教育成为我国职业教育的主导形式，学校职业教育大大提高了职业教育的整体水平。21 世纪以来，随着我国社会经济的快速发展、组织形式不断创新，组织边界越来越模糊，学徒制模式也在进行新的探索，现代学徒制和企业新型学徒制应运而生。

现代学徒制人才培养模式有助于加强企业与学校、企业师傅与教师之间的交流与合作，促进学生理论知识与实践技能的双重进步。[①]2015 年教育部确定 165 家单位开展首批“现代学徒制”试点工作，此后陆续批准第二批 203 个单位、第三批 194 个单位试点。截至 2018 年，我国现代学徒制试点共计有 562 个单位，其中试点企业 17 家、试点院校 504 所。现代学徒制有效推进了校企联合育人，构建中国特色的现代学徒制人才培养模式，探索出“招生即招工、校企双主体”育人路径，为企业培养所需高质量技术人才，推进企业技术革新。

现代学徒制是以职业学校为主体，实行招生招工一体化，其理想状态是达到“毕业即就业”的校企联合培养育人模式。但在实际推进过程中，由于职业学校与企业的育人合作存在诸多思想认识、体制机制等方面的障碍，职业学校的学生对培训企业的认同感和归属感并不强，在毕业以后也不一定选择到实训企业就业，这就增加了企业参与现代学徒制的风险。[②]

企业新型学徒制以“招工即招生、入企即入校、企校双师联合培养”为目的，以企业为主体，通过企校合作等方式，组织企业相关人员参加新型学徒制培训，探索企业职工培训新模式，加快了企业后备技能人才的培养。[③] 人

---

① 林燚宁 . 现代学徒制背景下企业培训困境与提升策略［J］. 教育与职业，2021（10）:101.

② 宋启平 . 企业新型学徒制试点中存在的问题与对策［J］. 教育与职业，2018（14）:26.

③ 企业新型学徒制试点工作方案［EB/OL］. 中华人民共和国人力资源和社会保障部官方网站，http://www.mohrss.gov.cn/zynljss/ZYNLJSSzhengcewenjian/201508/.

社部与财政部2015年至2017年分两批在22个省启动了企业新型学徒制试点工作，参加试点企业158家，培养新型学徒制职工2万人。2018年起，人社部、财政部两部门在全国30个省市区全面推行企业新型学徒制。2019年制定的《职业技能提升行动方案（2019—2021年）》明确要求三年培训100万名新型学徒。2019—2020年，企业和院校积极参与企业新型学徒制培训，全国累计培养企业新型学徒超80万人。

学徒制发展与创新的过程，也是我国产业工人技术技能培养体系逐步健全的过程。学徒制以服务就业和经济社会发展为宗旨，适应产业转型升级和现代企业发展需要，深化产教融合、校企合作，创新中国特色技能人才培养模式，为实现经济高质量发展提供有力人才支撑。

3. 传承企业文化，培育工匠精神

工匠精神就是指以一种追求极致的态度，在工作岗位中，对每个产品、每个环节、每道工序都精雕细琢、精益求精、追求卓越。工匠精神重在追求产品与服务品质的完美，因此，具备工匠精神的人一定不拘泥于现有的工艺和能力，他们有创意、敢创新，在自我成长中做到了推陈出新，提升了产品与服务的品质。工匠精神代表了职工爱岗敬业的精神，是一种高尚的劳动境界、人生情操。工匠精神是在工匠技艺和品德传承中形成的，一丝不苟的精神追求促进劳动者个人的成长，对于企业来说，工匠精神作为精神层面的文化，有助于企业制度文化的形成，从而推动企业物质文化发展，因此，工匠精神与企业文化紧密相连。

只有具备良好的职业道德和爱岗敬业精神的人，他们在工作中才能踏实肯干，才能沉下心来，不为名利驱使，努力钻研技术，才能在本职岗位上做出不平凡的业绩。在师带徒中，作为高技能人才的师傅，往往都是默默奉献，能够在工作中处处发挥表率作用的人，他们在对徒弟进行传授技艺的同时，还身体力行地影响着徒弟的精神境界、敬业精神，把企业文化融入传、帮、带的工作中，对推广企业文化发挥着十分重要的作用。

三、劳动竞赛与职工创新工作室

（一）劳动和技能竞赛

劳动竞赛是指社会主义国家为充分发挥劳动者的主动性、积极性和首创精神，以普遍提高劳动生产率和工作效率为目的的群众性竞赛活动，其狭义的概念是指生产竞赛，广义的概念是指职工经济技术活动，包括生产竞赛、合理化建议、技术革新、技术攻关、技术协作、发明创造、岗位练兵、技术比赛等活动。职业技能竞赛是依据国家职业技能标准，结合生产和经营工作实际开展的，以突出操作技能和解决实际问题能力为重点的、有组织的群众性竞赛活动。新时期的劳动和技能竞赛有助于提升企业竞争力和技术创新力，提高产业工人素质，构建和谐劳动关系。①

近年来，劳动和技能竞赛在我国规模以上企业中普遍开展，在中小企业中也稳步推进。职工创新成果纷纷涌现，成果转化率不断提高。职工技能素质、创新能力显著提升，技术工人队伍不断壮大，更多大国工匠脱颖而出。与此同时，劳动和技能竞赛组织领导体制也在不断完善，竞赛绩效评估、考核管理和表彰奖励等机制进一步健全，在企业中形成党政重视支持、工会积

① 李玉赋．新的使命和担当：《新时期产业工人队伍建设改革方案》解读［M］．北京：中国工人出版社，2017：112-113.

极组织、职工广泛参与、社会广泛认可的竞赛格局。

从煤炭产业来看，A 省各煤矿集团充分挖掘、发现、培养职工队伍中的技术骨干，激发职工创新活力，在广大职工中深入开展劳动和技能竞赛、技术比武、技术革新、“五小”竞赛[①]等活动，健全机制，激发活力。企业本着提高队伍素质、服务生产一线、促进安全生产、推动技术进步、促进科学发展的原则，形成了工会与企业业务部门共同组织、职工广泛参与的多元化模式，在推动企业发展进步的同时，使劳动和技能竞赛成为煤炭工人提升技能素质的重要渠道。

调研中，我们发现 A 省各煤炭集团在劳动和技能竞赛方面各有特色，有的将劳动竞赛、技术比武作为工人破格申报高一级职业资格的条件，有的甚至形成了企业的品牌特色。YM 集团规定符合一定条件可破格申报高级技师资格考评，例如近 5 年获得本工种国家一类技能竞赛前 6 名、二类技能竞赛前 3 名，或 A 省一类技能竞赛前 3 名等。LA 集团的 WZ 公司每年组织至少 50 个工种的技能竞赛活动，针对青年职工专门设置青工比武项目，在比武实操开始前，事先组织人员对参赛选手进行赛前培训。XS 集团在全面开展“学练比”的基础上积极选拔优秀选手进行强化训练，组织参加集团公司、市级、省级以及全国煤炭系统四级技能大赛。同时，将“五小”竞赛活动作为所属各单位的“一把手工程”，一方面为企业提质增效、转型升级提供支持，另一方面通过竞赛促进职工技能水平的进一步提升。“五小”竞赛已经成为企业一项重要的品牌工作，为企业提质增效、改革创新、转型升级提供了强有力的支撑。

---

① 从 2015 年起，A 省总工会积极适应经济发展新常态，在全省企业中开展了以“小发明、小创造、小革新、小设计、小建议”为主要内容的“五小”竞赛活动。

（二）职工（劳模）创新工作室

职工（劳模）创新工作室是企业搭建技术交流、创新创效的平台，由企业中品质优秀、有技术技能专长的职工（劳模）牵头，企业职工参与，围绕企业中心任务和重点难点问题，充分发挥职工（劳模）业务专长和技术优势，通过开展业务培训、课题研究、项目攻关等，推广先进创新理念和创新工作方法，激发广大职工的创新热情，形成精益求精、自主创新的氛围，带动职工共同成长。

职工（劳模）创新工作室发挥技术攻关的作用。工作室的团队成员围绕安全生产、节能减排、技术改造、降本增效等课题开展攻关工作、科学研究，普及推广先进技术和创新工作方法，关注企业的产业技术升级需求，实现创新突破，促进企业的技术发展。

职工（劳模）创新工作室发挥技能传承的作用。工作室是培养企业技能型人才的重要平台，培养职工的学习能力、创新能力、创优能力的实践基地。企业从政策和资金上给予支持，工作室的优秀职工（劳模）毫无保留地将多年的经验积累、技能技术、操作技巧等传授给职工，影响带动广大职工积极参与工作室的相关课题和研究，不断提升技术技能水平，为企业培养高素质劳动者。

职工（劳模）创新工作室发挥引领示范的作用。工作室在创新实践传、帮、带的过程中，不仅有利于职业技能的传承与创新，还有利于充分发挥优秀职工和劳模的榜样带头作用，将劳动精神、劳模精神、工匠精神潜移默化地影响到工作室的每一位职工，在总结推广和不断提升中，使他们的劳动技能、创新方法、管理经验在企业内产生更广泛的影响，形成“学先进、争劳模、比贡献”的良好气氛，切实提高人才培养质量。

职工（劳模）创新工作室发挥成果转化的作用。工作室也是企业创新成果的孵化器，充分发挥工作室在成果转化中的重要作用，缩短从创新成果到现实应用的过渡期，能够加速实现创新成果的应用，为企业创造更大的经济效益。

调研发现，A 省各大煤炭集团积极推进职工（劳模）创新工作室建设，规范创新工作室的建设标准，保证必要的硬件投入和经费保障，建立具体的实施方案和管理考核办法，完善工人技术成果转化机制，充分发挥职工（劳模）创新工作室在学习、培训、交流、攻关和创新等方面的重要作用。各集团公司的首席技师等优秀高技能人才主动承担组建高水平创新型团队的任务，以生产、检修车间为载体，创建“技能大师工作室”；定期组织高级工及以上技能员工，带着生产实际中的难题、难点进入对应的“技能大师工作室”参加技能训练、开展技术创新。

例如，XS 集团积极推行职工（劳模）创新工作室的首席技师负责制，系统组织协调职工（劳模）创新工作室的选题立项、科研攻关、成果运用、双创转化等一系列过程中的项目收集、整理、申报、推广、应用等工作。充分发挥省级创新工作室的示范引领作用，采取专家领学、团队互学、实操训练、对标观摩等形式，调动技术骨干力量，各专业系统做到月月有交流、季度有活动，在引领职工（劳模）创新创效中发挥了积极作用。目前，XS 集团共有省级职工（劳模）创新工作室 9 个、市级职工（劳模）创新工作室 17 个、集团级职工（劳模）创新工作室 10 个，职工（劳模）创新工作室在职工技能素质提升、企业创新发展方面起到良好的示范引领作用。

四、安全教育和管理

安全生产是煤炭企业的生命工程，职工安全意识和应急处理能力的不足是造成煤炭企业生产安全问题的主要因素。此外，市场供需矛盾对煤矿安全生产造成的负面影响也一直存在，在煤炭供大于求的情况下，煤炭产业整体市场出现过度竞争，在拼价格的非理性竞争下，超强度、低成本开采导致安全风险加大，再加上区域性和阶段性的煤炭供应紧张时而出现，导致一些煤矿仍然高强度组织生产，产生较高的系统性安全风险。这些因素在未来一段时期仍将反复出现，对煤矿安全生产造成的影响不容忽视，因此，安全教育和管理是煤炭生产中至关重要的大事。

（一）特色安全管理模式

煤炭生产的安全关乎国家能源安全，具有重要的战略意义。2018 年 1 月，在全国安全生产工作会议上，国家煤监局局长黄玉治提出要从整治违法违规行为、强化重大风险管控和灾害治理、推进煤矿安全基础建设、推进和支持煤炭行业供给侧结构性改革、推进煤矿安全科技进步、强化事故查处和警示教育、加强煤矿安全监管监察执法七个方面对 2018 年煤矿安全工作做专题部署。

在国家宏观政策的指导下，A 省各煤炭集团把安全工作当作企业的头等大事、天字号工程和职工的最大福利来抓，结合自身情况，对安全生产模式进行积极探索与实践，通过总结和借鉴国内外煤炭企业的先进经验，不断进行自我创新和变革，开发出适合本地区、本集团、本企业的安全管理模式，并具有一定的推广意义。

1. 发挥女职工和矿工家属特殊作用的协管安全工作

煤炭企业的安全管理模式具有鲜明的行业特色。各集团工会女职工委员会下设女职工家属协管安全委员会，聘用协管安全员，由专兼职女职工、家属共同组成，参与矿山安全管理、服务和宣传工作。目前，LA 集团工会女职工委员会下设女职工家属协管委员会 20 个、井口服务站 12 个、协管安全小组 203 个、集团级聘用协管员 743 人，各生产矿井和地面生产单位有专兼职女职工、家属协管安全员 3500 余名。每年 6 月安全生产月期间，集团工会都要表彰一批模范群监员和模范协管员，重点给予积极参与矿山安全工作的社区人员、集体工和家属一份特别的激励。集团公司定期举办“心贴心的交流、面对面的嘱托”矿工家属见面会，“矿工身上衣、矿嫂手中线”温情对话，“你是安全的，我是幸福的”短信寄安全等活动，编织亲情安全网。定期组织矿工家属到井口慰问，亲身感受矿工工作的艰苦，促进矿工家庭的稳定，为矿工安全生产筑起一道坚实的保护墙。总体上说，集团积极构建并形成了“三三三”协管安全工作模式，即建立三级协管网络，完善制度保障；巩固三个协管阵地，营造“安全文化”；发挥三项功能，助力安全发展，最终实现协管安全工作的全方位、多层次覆盖，绩效考评竞赛创优的良性运行格局。（见表 4.3）

表 4.3　LA 集团“三三三”协管安全工作模式

构成	具体内容
三级协管网络	协管安全委员会、协管安全小组、协管安全员
三个协管阵地	井口、单身公寓、社区
三项功能	宣传教育功能、思想帮教功能、志愿服务功能

2. 制定并落实中高层领导在安全生产工作中“责任到人”制度

2017 年，国家煤矿安监局出台《煤矿企业安全生产管理人员安全生产知识和管理能力考核要求》(征求意见稿)，突出了对生产管理人员进行安全教育培训的重要性，强调安全能力和素质的考核知识点，并对实操基地和考试点加强管理和考核，对培训师资队伍素质、硬件设施配置、培训方式改革等提出更高的要求，对安全教育进行全方位的改革和创新，发挥煤炭职业学校在煤矿安全培训和非煤安全培训中的优势特长，优先保证管理人员考核达标及安全资格培训质量等。

调研中我们发现，A 省各煤炭企业各级管理者狠抓安全生产，亲自下井督导安全生产，确保井下作业的每时每刻都有公司的中高层管理者在井下工作，无论周末还是节假日，管理层都要轮班坚守在井下，与工人一起劳动。正因为各集团公司安全工作抓得紧，领导带头作用强，才真正卓有成效，安全事故显著下降，安全生产得到基本保障。WZ 公司将安全生产作为“职工的第一福利，领导干部的第一责任”，建矿 50 多年以来，始终坚持“依靠科技抓安全、落实责任抓安全、创新管理抓安全、带着感情抓安全”的安全发展理念，尤其是近年来，各级领导班子高度重视矿井的安全工作，严格落实本矿各级单位和人员的安全管理责任，创新推行了“三述两化”、岗位风险预控和“双三”示范单位、示范班组、示范岗管理，创新队组安全“三问”工作法，全矿安全工作持续稳定，连续 15 年荣获全国“安康杯”竞赛优胜企业称号。

（二）新技术下的安全生产管理与教育

1. 利用互联网技术强化职工日常安全生产教育

互联网的高速发展为煤炭企业安全发展提供了高效便利的技术保障，也为企业日常安全生产教育提供了便利条件。A 省各煤炭集团在利用信息技术进行安全管理方面不断开展一些探索和实践，构建以人为本、和谐发展的安全长效机制和建设本安型矿井的目标，实施人性化安全系统建设与管理，着力构建安全责任、技术管理、培训教育、安全质量标准化、安全预警、应急救援、整合煤矿安全监管、安全监督检查、安全文化建设、安全绩效评价考核等支撑体系，努力实现由被动防范向源头管理转变，由控制伤亡事故向职业安全健康转变。

例如，LA 集团大力推行“369”安全培训管理新体系评价标准，重点抓好安全生产应知应会、必知必会知识普及教育，扎实开展全员安全意识和技能培训，使员工切实由“要我安全”向“我要安全”“我会安全”“我能安全”转变。在日常安全教育方面，集团各公司还结合当前工人上网应用已经全面普及的有利条件，将工人日常零散时间充分利用起来，采取“每日一题”的方式，在工作平台上向工人推送安全问答题目，并采取相应的激励措施，确保工人积极参与。“每日一题”将职工安全生产中容易出现的一些安全隐患反复提醒给职工，久而久之，加深了职工的印象，使得安全生产成为职工根深蒂固的一种意识，并且落实到行动中。这种将安全工作、安全意识渗透到职工日常生活的做法在煤炭行业的安全教育中产生非常好的效果，促进了企业的安全生产。

2. 以技术革新促进安全生产

安全是发展的基础，更是发展的保障，技术创新与进步是实施科教兴煤战略的重要内容，是有效预防和减少煤炭行业安全事故的重要前提。近年来，我国煤矿生产技术革新不断推进，安全科技装备水平大幅提升，安全生产投入大幅增加，煤矿职工安全培训不断强化，安全法律法规标准体系不断完善。

根据《2020年中国煤炭行业发展年度报告》数据，2020年全国煤矿百万吨死亡率降至0.059，比2015年下降63.6%。A省各煤炭集团均非常重视以技术革新促进企业安全生产，并加大人才和资金的投入，不断提升采掘装备水平，优化改进配套系统，加强短板管理、变化管理，突出重大事故预防；不断创新地面安全管理方式方法，积极探索整合矿井安全监管新途径，全面构建“本质+实质”型大安全管理新格局。

TS公司在企业发展过程中贯穿“稳发展、抓创新、强管理、提效益、保安全”的主线。在“保安全”方面，提出要“认识到位保安全、培训到位保安全、投入到位保安全、责任到位保安全、作风到位保安全、制度到位保安全、措施到位保安全、执行到位保安全、隐患治理到位保安全”。强调只有安全保障强，才能实现盈利能力强、市场竞争强。企业围绕安全生产中的技术难题，组织开展技术攻关，勇于破解技术难题。具体来说，在8101工作面成功实现8米小煤柱安全回采；奥灰水治理开了先河，保障矿井安全开采，为集团公司治理奥灰水积累宝贵经验；引进大孔径反井钻机、二氧化碳致裂技术等，为推进科技兴企战略注入了活力；地面垂直立孔抽放瓦斯技术体系日趋成熟，井下粉尘浓度大幅度下降，切实提高井下作业安全系数；人才培养方面，成立了机电、防尘等工作室，开展岗位练兵、技术比武等活动，实施“人才强企”的发展战略。

党的十九大报告强调：“要树立安全发展理念，弘扬生命至上、安全第一的思想，健全公共安全体系，完善安全生产责任制，坚决遏制重特大安全事故，提升防灾减灾救灾能力。”《中共中央 国务院关于推进安全生产领域改革发展的意见》在“指导思想”中也特别强调，要“坚持安全发展，坚守发展决不能以牺牲安全为代价这条不可逾越的红线”。煤炭产业作为我国安全生产重点防范领域，一直将安全生产作为政策红线，并在实际生产中形成制度，反复强化，这正是煤炭产业高质量发展的基本要求。只有建立一丝不苟的安全防范制度、采取科学有效的安全生产模式，才能牢固筑起我国煤炭产业高质量发展的坚实基础。

第五章

教育转型：职业教育的困境与调整

职业教育是技术工人技能形成的重要环节，也是新时期产业工人队伍建设的重要内容。与少数高端人才相比，训练有素、技能娴熟的技术工人是产业工人队伍的主要力量，其技术技能的形成依赖于技能培训和技能教育的完善。《新时期产业工人队伍建设改革方案》提出，产业工人的技术技能问题是社会关注的热点和国家产业转型与高质量发展的基础条件。而产业工人技能形成体系的构建，离不开完善有效的现代职业教育制度，这就需要加强职业教育、继续教育和普通教育的有机衔接，坚持产教融合、校企合作、工学结合、知行合一，创新各层次各类型职业教育模式；统筹发展职业学校教育和职业培训，建立覆盖广泛、形式多样、运作规范，行业、企业、院校、社会力量共同参与的职业教育培训体系，促进学历与非学历教育纵向衔接联通、横向互通互认。

从本次问卷调查数据来看，接近六成（56.4%）的受访职工认为职业教育很重要和比较重要，而认为职业教育不重要的比例仅为一成（10.4%）。而职业教育能给受访职工带来的主要帮助体现在“理论指导”上，85% 的受访职工选择了这一项。由此可见，受访职工对职业教育的重要性认识很充分。如何打造一套完整的职业教育体系、充分发挥职业教育的作用，是煤炭产业工人队伍建设的应有之义。

一、煤炭职业教育的状况

（一）煤炭职业教育的调整与变革

新中国成立以后，我国的煤炭职业院校主要由煤炭工业部统筹管理。1998 年，原煤炭工业部撤销，其下属的大中专院校的归属关系发生了巨大变化，多数院校划归地方管理，院校的管理体制也随之发生巨大变化。大多数煤炭学校纷纷改名，院校名称上不再包含“矿业”或“煤炭”两字，煤炭学校地矿类专业和学生人数大幅减少。管理体制调整后，为了获得地方政府的支持，煤炭院校将重心放在服务于地方经济的发展上，服务方向从服务煤炭行业转变为面向市场、服务行业和地区。虽然保留了一些诸如测绘、采矿等煤炭专业，但也开设了大量市场需求大的非煤炭专业。进入 21 世纪后，煤炭职业教育体系的发展与国家和地方政策、煤炭市场环境的变化以及高等教育体系（合并重组和布局调整）的变革相关联。A 省的煤炭职业教育体系伴随国家相关政策的调整有着一段较长的调整变革期。

在 1995 年，全国共有 249 所重点中专，其中 10 所为煤炭中专，A 省有一所也在其中，即 DT 煤校。在煤炭工业部撤销后，这唯一的一所煤炭中专升格为职业技术院校，划归地方政府教育部门。该校创建于 1950 年，最初为矿区职工子弟中学；1955 年，该校隶属煤炭工业部（前身为燃料工业部），后多次更名改制；1999 年，该校与矿务局职工大学合并改制为矿业职业技术学院；2002 年，更名为工业职业技术学院，并在 2006 年与其他三所院校合并为“DT 大学”，升格为本科院校。

除 DT 煤校以外，A 省另外一所主要的煤炭职业院校是 TY 煤校。该校创建于 1952 年，1963 年改建为省煤炭干部学校。“文革”中，TY 煤校撤销，于 1980 年复校并改建为地方型煤炭学校。1986 年，该校更名为省煤炭工业学校，直到 2003 年升格为省煤炭职业技术学院。在 20 世纪 90 年代末，受到煤炭工业部撤销、院校调整、高校扩招和产业结构调整等因素的影响，煤炭院校的发展一度遇到很大的困难，招生难成为煤炭院校面临的共性问题。在 21 世纪的第一个十年里，随着煤炭行业市场行情变好，作为本省最好的一所煤炭高职院校，TY 煤校也迎来了最好的时期。其在校生人数一度达到 8000 人左右，“十五”期间增长了 2.5 倍。选报煤炭专业的学生比例从 2000 年的 30% 提高到 2006 年的 72%。2005 年，TY 煤校向煤炭行业和社会输送合格毕业生 1360 名，煤炭相关专业的毕业生出现了供不应求的局面。在我国大力发展职业教育的时代背景下，TY 煤校先后被确定为“国家示范性高等职业院校建设计划”重点培育院校、“国家示范性高等职业院校建设计划”骨干院校首批立项建设单位和“省优质高等职业院校”立项建设单位；2013 年通过国家验收，正式成为国家示范性骨干高职院校。但是进入 21 世纪的第二个十年，由于煤炭行业去产能政策的影响，以及煤炭企业合并重组、煤炭行业不景气等多重因素的影响，TY 煤校的发展尤其是招生又面临很大的困境[①]。2019 年，该校与另一所职业院校合并为工程职业学院，并入围“双高计划”第三类高水平专业群建设单位 A 档。在提高办学水平、获得更好发展机遇的同时，弱化了学校的煤炭属性。

上述两所主要的煤炭职业院校先后改名、升格之后，其专业设置和人才

① 赵阳 . 校企联手，打造煤炭紧缺技能型人才［J］. 职业技术，2006（17）: 56-57.

培养的“去煤化”特征越来越明显。与此同时，一些原本设立时间较短的职工大学、职工中专、技工学校、矿务局或厂矿企业的技工学校、技术培训中心和电教中心等教育部门，也在办学水平日益提升的情况下转制为高等或中等职业院校。

如创建于 1975 年的 BY 煤校，最早为矿务局工人大学，1978 年更名为矿务局职工大学，1987 年和 1989 年先后合并了四家单位（矿务局教师进修学校、矿务局安全技术培训中心、矿务局电大函授站以及矿务局电化教育中心），1999 年与 DT 煤炭工业学校合并升格为省矿业职业技术学院，2001 年独立设置为 BY 职业技术学院。2008 年该校更名为 DT 煤炭职业技术学院，成为目前 A 省唯一的一所名称中带有“煤炭”字眼的高职院校。

（二）煤炭职业教育现状

经过几十年的演变，A 省煤炭职业教育形成了高职院校、普通中专、技工学校、职工大学、函授电大和职教中心等部门为主的完整体系。其中，2021 年招生的煤炭类高职院校仅有 1 所，即 BY 煤校，同年独立招生的省内高职院校有 43 家；在 2018 年的高等职业教育年度报告中，本省的高职院校有 47 家，煤炭类院校仅有两所，除了 BY 煤校外，另一家 TY 煤校在 2019 年与他校合并为工程职业学院。从 2021 年高职院校独立招生的专业目录来看，该省招收煤炭相关专业的高职院校有 10 所，除了 BY 煤校外，其他高职院校要么是由煤炭院校合并而成（如 TY 煤校），要么身处煤炭的主要生产地区，有开设煤炭专业的历史和服务本地煤炭产业发展的地方性需求。其招收的煤炭专业主要是矿山机电、煤矿智能开采技术、矿山测量、煤炭清洁利用技术、煤层气采输技术、煤化工技术、通风技术与安全管理等。

从具体的高职院校来看，作为唯一的煤炭类高职院校，BY 煤校在 2020 年的数据显示：该校占地 375 亩，共有教职工 464 人（其中专任教师 266 人），全日制在校生人数为 3103 人。在院系和专业设置上，该校有 3 个系开设煤炭相关专业，主要是采矿工程系的煤矿开采技术和矿井通风与安全，建筑工程系的矿山测量和矿山地质，以及煤化工系的煤化工生产技术和选煤技术等。这些专业在 2021 年均有招生，其中煤矿开采技术、煤化工生产技术、矿山测量、矿井通风与安全等专业属于特色专业或重点专业，并设有重点实训基地和示范性实训基地。

除此之外，还有几所名称中不带“煤炭”字样的本科院校和高职院校，或因为历史原因，或因为身处煤炭生产主要基地的原因，开设了煤炭相关的专业。但因为多种因素的复杂影响，这些学校的发展状况有所不同。如 DT 大学保留了煤炭工程学院的设置，下设矿业工程系和安全工程系 2 个系，有采矿工程、采矿工程（煤层气方向）、安全工程、矿物加工工程 4 个本科专业。该学院还在 2018 年获批资源与环境专业硕士学位点 1 个，研究方向包括煤炭智能高效开采技术、煤层气开发技术、煤矿安全工程、煤矿机电工程和地下空间技术等。在本科专业中，采矿工程是该校的特色专业，先后获评省级特色专业和省级一流本科专业建设点。该学院有 48 名专任教师（其中博士 22 名），全日制在校生 939 人，21 个实验室。近三年来承担各级科研和教学项目 50 多项，发表论文 120 多篇，获得省部级奖励 6 项，形成了坚持双师教育、注重工学结合、培养应用型人才的办学特色。虽然学校经历了改制、升格的变革过程，但煤炭专业具有 70 多年的历史积淀，具有深厚的学科基础和社会影响力，培养了大批煤炭行业的管理和技术人才，遍布全省乃至全国的煤炭行业，具有明显的区域性和专业性优势，成为煤炭行业高素质、复合应用型人才培养的重要基地。

TY煤校是该省另外一家具有悠久历史的职业院校，在与其他高职院校合并且在校名中去掉“煤炭”字样后，也在较大程度上保留了与煤炭相关的院系和专业。其中包含3个煤炭相关院系——采矿工程系、地测工程系和煤炭化工系，开设了煤矿开采技术、矿井通风与安全、煤层气采输技术、综合机械化采煤、安全技术与管理、矿山测量、矿山地质、煤炭深加工与利用、选煤技术、煤质分析技术、应用化工技术（煤化工方向）、化工设备维修技术、环境监测与控制技术等20多个煤炭相关专业。其中一些专业，如煤炭开采技术、矿井通风与安全等被确定为国家技能紧缺型人才培养专业、国家示范院校重点培育（建设）专业；煤层气采输技术专业于2014年被确定为省级特色建设专业；煤炭深加工与利用专业、应用化工技术专业先后被批准为“国家示范性高等职业院校建设计划”骨干高职院校项目骨干建设专业和省级重点建设专业；矿山测量和矿山地质专业分别被确定为国家骨干高职院校重点建设专业和国家提升专业服务能力重点建设专业。上述院系和专业不仅保留了完整编制，而且师资队伍、实训条件和培养水平等方面也获得了一定的提高。不仅有相当规模的教授、副教授、高级工程师等高级职称的教师队伍（38人），还有一批成绩突出的先进典型，如国家级教学名师、黄炎培职业教育奖杰出教师、省级教学名师和省级“双师型”优秀教师、全国煤炭教学名师、省级煤炭科技专家和煤矿安全生产技术专家，而且煤矿开采技术专业教学团队也被评选为省级优秀教学团队。由于实训条件和培养水平的稳步提高，学生参加各级技能大赛的成绩突出，而且学生就业质量较好，从而积累了良好的社会声誉，得到了用人单位的肯定与欢迎。

在中等职业教育方面，2018年全省共有中等职业教育学校442所，但煤炭相关的中等院校很少。作为一个煤炭大省，《中等职业教育年度质量报告》没有将煤炭类专业作为单独的类别进行统计，这从一个侧面反映了煤炭行业相关专业的弱势。从 2018 年的相关专业来看，资源环境类专业点有 38 个，能源与新能源类专业点有 7 个，两者相加仅为 3.3%。从招生人数比例看，两类专业招生人数不足总招生人数的 1%。从 2021 年普通中专学校招生、技工院校五年制（三二分段）招生和五年制高职（三二分段和五年一贯制）招生资料来看，招收煤炭相关专业的中等职业学校仅有 7 所，招生专业主要是矿山机电、矿井通风与安全、矿山测量、煤矿技术（综合机械化采煤）、采矿技术、煤炭综合利用技术等。

在高等职业教育和中等职业教育之外，还有一些企业创办的技工学校、技师学院或者职工大学也承担一定的煤炭职业教育的任务。如 LA 大学是由 LA 煤炭集团公司创办的职工技能学校。虽然名为大学，但其性质和办学层次并非普通高等教育的大学，而是企业创办的中等教育层次的教育机构。LA 大学以开发精益化培训项目为切入点，对企业职工开展各种层级的技能培训，如矿处级干部培训、煤矿安管人员再培训、新职工入职特训营培训、拓展训练、中高级工和技师培训、特种作业人员培训等。在做实做精煤矿主体专业和传统专业的基础上，LA 大学根据社会人才需求及集团转岗分流人才需求调研，申报了现代农业技术、农产品加工业与质量检测、酒店管理、工业自动化仪表 4 门专业，增设了电子商务、新能源汽车等新兴的热门专业。

总的来说，煤炭学校的“非煤化”倾向在一定程度上有利于院校自身的发展，使其改变了过去学科结构单一、服务面向狭窄的问题，拓宽了发展空间、优化了专业结构、改善了生源状况。但是，“非煤化”也造成一定的负面效果，使得煤炭人才培养的力量不足，无法为煤炭行业提供充足的高质量的人才。实际上，煤炭院校培养的人才不足，尤其是高素质、高技能人才的不足，是当下煤炭产业工人队伍结构性问题的主要原因。

2010 年以后，A 省煤炭系统大力推行资源整合与兼并重组，使得煤炭行业进入了“大矿时代”和“现代化时代”。这不仅意味着规模的扩大、安全的改善和资源利用效率的提高，还意味着机械化生产的大普及以及生产设备越来越先进。这使得企业对员工的要求发生了根本的变化，一线工人由农民工替代的时代已经过去，仅仅靠短期的岗前培训的农民工再也无法适应先进生产力的需要。

2014 年 7 月，A 省公布了《煤矿劳动用工管理体系及其主要内容》，明确规定，自 2016 年元旦起，本省煤炭企业新招录从业人员必须从煤炭类专业毕业生中招录，不再招用其他社会人员，全面实现变招工为招生。这一政策对于消化煤炭行业的过剩产能、减轻部分厂矿人员太多的困境、改善现有煤炭产业工人队伍的结构和提高煤炭产业工人的整体素质具有重要的意义。但是由于煤炭职业教育发展中存在的一些问题，煤炭职业教育在合格产业工人的供给上还存在一些不足。

二、煤炭职业教育的问题与困境

（一）招生难、生源差与就业难

由于工作环境恶劣、危险度高、工作非常辛苦，除了煤炭行业非常景气的几年（工资待遇水平较高），煤炭相关专业的招生相对困难。进入 21 世纪，普通高等院校（本科）的扩招速度非常快，很多普通高等院校设立了二级职业学院或者独立学院，职业院校的招生受到很大冲击。从学校的角度来说，如何吸引优秀的学生进入职业教育是一个重大命题。目前的高考招生制度是单线的梯度录取，上不了本科的学生才会考虑进入高职院校。

不仅招生难，高职院校的生源质量也不理想，高职院校的录取分数逐年下滑，学生素质也随之下滑。学生的积极性和主动性不高、学习目的不明确、学习动机不强烈、学习兴趣弱和学习态度不端正。课堂秩序、课堂纪律和教学质量也难以保证，认真学习技术和知识的学生在如今的课堂上已经很少见了，学生的学习成绩不断下滑。这些因素在很大程度上制约了高职教育的整体教育质量和培养人才的水平。

进入技工学校的一般都是初中毕业或高中毕业后升学无望的学生。他们普遍文化素质较低，不爱学习，加上一些专业课程理论性强、枯燥乏味，且无法与实践相联系，也更加导致他们无心学习。即使老师们使出浑身解数，但面对枯燥乏味的专业课理论，跟当今泛滥的智能手机游戏、小说比起来，根本无法收回学生的玩心。于是到毕业时，大多数学生只是在学校玩了几年手机游戏，看了几年小说，学到的东西寥寥无几，更别说是技能操作了。这也是现在技校生的一个通病。

高校的扩招、就业问题的市场化、企业对高学历人才的倾向性，必然导致职业学校毕业生的就业问题增多，大部分职业学校的毕业生即时就业率较低，由此反过来给招生带来巨大影响。

（二）职业教育的质量有待提高

煤炭职业教育从教学内容、教学方式、办学形式和教学管理等多个方面都基本沿袭了全日制普通教育的模式，不利于培养符合市场要求的多功能、复合型人才。职业教育不同于普通教育，具有自身的教育规律。它以能力培养为中心，注重实训环节和身体实践，对于具体的生产条件和技术特点有很强的针对性要求。

学校职业教育面临的一些问题主要包括：1. 专业设置与社会经济发展不协调，滞后于知识经济和信息时代的市场需求。专业结构的调整与产业结构的调整很难一致，通用专业过多，特色专业稀少，课程设置和教学内容的特色不够明显。2. 学校的实训基地建设面临困境，实践性教学环节比较薄弱。煤矿机电设备通常比较昂贵和庞大，由于经费和场地的限制（有的甚至需要在真正的矿山井口设置实训基地），学校通常很难满足这一条件。一些学校的实习实训基地有名无实，实训设备陈旧过时，实践教学环节达不到规定的标准和要求，导致学生实践技能条件差，达不到上岗的实际要求。3. 学校经费来源不足，依赖于地方政府的支持力度。总体上来说，地方政府对煤炭院校的支持力度不如原煤炭工业部。除了一些实力强劲、底蕴深厚、特色鲜明的学校和专业外，大多数学校和专业的经费投入不足。煤炭院校的经费来源主要是地方政府的教育拨款、学生学费和校办企业收益。对于生源状况不好的学校来说，政府拨款和学生学费收入都不够充分。4. 教材建设与课程体系不够完善。教材编写理应根据地区生产的条件和装备的特点来完成，这样才能有针对性。而且陈旧的、内容与现实严重脱节的教材应当逐步淘汰，实验、实训和实习指导教材的编写应当加强。课程体系的设置也应该具体化，结合实践特点，不应一般化和“大而全”。5. 教师队伍建设跟不上实际要求。尤其是实践经验丰富的“双师型”教师依然处于长期短缺状态。青年教师基本上都来自普通高校，对真实的生产过程缺乏充分了解。若没有良好的制度设计，“双师型”师资队伍的建设也有可能流于形式。

另外，目前的煤炭职业教育处于多头治理的状态，涉煤类高职和中职院校以省教育厅管理为主，人社局、省国资委、工信厅、煤炭工业厅和煤炭工业管理局也参与管理。但也存在一些问题，如教育部门在管理上缺乏针对性，所以有必要加强行业管理。

要培养出成熟的技能人才，职业教育的教学方法和人才培养模式必须与普通教育分隔，探索出一条既符合职业教育规律又适合中国文化和市场特点的职业教育路径。

（三）校企合作流于形式

我们在调研中发现，职校毕业生在进入厂矿后，通常不能直接具备从事生产的条件。其中的一个重要原因是，每个厂矿的生产条件（安全、地质、灰分、种类等）不同，机器设备也有自己的特点，职校毕业生需要一段相当长的时间去学习和适应，这从侧面反映了职业教育和职业培训在衔接上仍然存在不畅通的地方。经过职业教育学习的年轻工人在工作岗位的适应上还有待加强。

一般来说，经过高职教育可以拿到相应的中级职业资格证书，但其未必能适应具体煤炭企业的技能要求，因而在企业看来效力不够。座谈中发现，有的企业已经发展出一套职业技能的评价和鉴定体系。这对于技能工人的流动性造成一定的影响，不利于其发展空间的拓展。由于产业的高度集中，至少在省级层面，煤炭行业有条件实现职业技能的整合统一。

由于煤炭行业属于特殊行业，井下作业具有一定的危险性，考虑到安全因素，企业往往不允许职校实习生参加井下实习，更难以做到“顶岗”。有的实习会被参观所取代，也不允许女生下井。但学生不下井，其实习效果就大打折扣，这些都严重地制约了学生技能的培养。虽然有的学校修建了模拟矿井，但是与真实的工作环境还有一定的差距。有些院校的实践学习往往形同“放羊”，有些企业只是在名义上作为院校的实习基地，并没有真正接纳学生实习。

校企合作对于职业教育和职业培训具有重要的意义，西方一些比较成功的职业教育模式（如德国的“双元制”、新加坡的“教学工厂”、北美的社区学院和澳大利亚的“TAFE”模式等）都是校企合作的典范。我国职校在校企合作的过程中，长期存在“剃头挑子一头热”的窘境。企业对于职校的期望值和信心不高，合作的措施不够深入细致，导致校企合作流于形式和表面化、实质性内容不多。

（四）煤炭职业教育发展后劲不足

职业教育发展后劲不足，难以适应产业转型升级的需要。煤炭职业教育的发展与行业的发展和经济形势密切相关，近年来煤炭行业的不景气对煤炭职业教育的发展造成了一定影响。跟煤炭行业一样，煤炭职业教育也面临转型升级的严峻挑战，在专业设置、人才引进、教育方法和经费投入等多方面都需要开拓创新。除此之外，“重学历轻技术、重白领轻蓝领”的社会氛围对职业教育和技能人才的培养也造成了很大的困扰。

三、煤炭职业教育的转型与发展

（一）重视煤炭职业教育的意义并发挥其积极作用

近年来，党中央和国务院日益重视职业教育在国家经济发展、产业升级和经济结构调整中的作用，强调各行各业对技术技能人才的需求越来越紧迫，因此职业教育重要地位和作用越来越凸显。习近平总书记于 2021 年 4 月对职业教育做出重要指示：“各级党委和政府要加大制度创新、政策供给、投入力度，弘扬工匠精神，提高技术技能人才社会地位，为全面建设社会主义现代化国家、实现中华民族伟大复兴的中国梦提供有力人才和技能支撑。”2019 年颁布的《国家职业教育改革实施方案》提出了职业教育的总体要求与目标，即“坚持以习近平新时代中国特色社会主义思想为指导，把职业教育摆在教育改革创新和经济社会发展中更加突出的位置”。《职业教育提质培优行动计划（2020—2023 年）》提出：“通过建设，职业教育与经济社会发展需求对接更加紧密、同人民群众期待更加契合、同我国综合国力和国际地位更加匹配，中国特色现代职业教育体系更加完备、制度更加健全、标准更加完善、条件更加充足、评价更加科学。”

而目前煤炭工人的培养渠道处于萎缩的状况，职业院校生源逐渐减少，煤炭类专业相对弱化，教育标准方面明显有所降低，比如对学生的要求由“双证（学历证书和职业资格证书）”变为“单证（学历证书）”。为了加快煤炭行业的技术升级、发展绿色煤炭工业，就要培养充足的煤炭行业高技能人才，深入反思和足够重视煤炭职业教育的意义，根据市场需求状况和国家能源战略，不断完善煤炭职业教育的院校和专业体系，重振煤炭职业院校在煤炭工人培养培训方面的主体功能。

重视煤炭职业教育的发展，需要牢固树立新的发展理念，对接科技发展趋势，将立足点放在市场需求上，完善相应的职业教育和培训体系，优化布局，深化办学体制改革和育人机制改革，着力培养高素质劳动者和技术技能人才。

（二）进一步完善煤炭职业教育体系

一是优化结构、协调发展，全盘考虑中等职业教育和高等职业教育的比例结构。促进不同层次职业教育的纵向贯通，强化中等煤炭职业教育的基础作用，为高等职业教育输送具有扎实技术技能基础和合格文化基础的生源。巩固大专层次职业教育的主体地位，稳步发展本科及以上层次的职业教育。适度发展本科以上层次的煤炭职业教育，把发展本科以上层次的煤炭职业教育作为完善煤炭职业教育体系的关键一环，培养高素质创新型的煤炭技术技能人才，畅通技术技能人才成长通道。

二是稳固和完善煤炭专业与煤炭院校体系。盘点和稳固现有的煤炭专业和煤炭院校，掌握煤炭职业教育的整体情况。在此基础上，稳固优势学科和专业院校的力量，加强政策和其他保障措施，促进煤炭教育体系的稳定发展，并遴选一定数量的专业和学校予以重点支持。

三是打通职业教育与普通教育的融通渠道。促进不同层次职业教育的横向贯通，加强各学段普通教育与职业教育渗透融通。打通煤炭职业教育与普通教育之间的流动渠道，建立普通高中和中职学校合作机制，探索课程互选、学分互认、资源互通。适度扩大专升本招生计划，为部分有意愿的高职（专科）毕业生提供继续深造的机会。创造更好的便利条件和激励措施，鼓励技术工人进入高等院校进行深造，培养高技能人才。

四是建立完善的终身学习的煤炭职工职业教育体系。建立市场认可、国家备案的培训学习成果认定、积累和转换机制，推动建设煤炭职业教育与职工周期性培训学习相结合的制度体系。强化职业院校的继续教育功能，及时总结试点工作经验做法。

五是加大职业教育和技能培训投入力度。这里的投入主体涉及政府、工会、企业、职业院校四方力量。与其他行业相比，我国煤炭企业真正是职业教育和职工技能培训的重要主体。各大煤炭集团传统上也都设有自己的职业院校，建立了相对完备的职工培训体系。未来在煤炭行业机械化水平提高、产业转型升级的条件下，需要各个主体根据市场需要，在教育培训方面加大投入力度，通过人力资本推动产业生产效率的提升。

（三）提高煤炭职业教育的办学水平和人才培养质量

这是一项全面而复杂的任务，要求从职业教育的理论研究和方法论研究入手，探讨职业教育的规律，从教材、教法和教师队伍建设等多方面全面提升煤炭职业院校的办学水平。为了实现这一综合性任务，也需要相关政策和财政的大力支持。近几年，中央和地方政府对职业教育的重视程度和投入力度越来越大，对于煤炭职业院校来说，不应错失这一发展良机。

一是促使煤炭相关专业和职业院校入选“双高计划”（高水平高等职业学校和专业建设计划），建设一定数量的引领改革、支撑发展、中国特色、世界水平的煤炭专业和院校。

二是促进煤炭专业的技能大赛体系建设，使主流的煤炭专业开办工种和行业性的技能大赛，使煤炭工种进入省级和国家级技能竞赛体系中。通过举办技能大赛，促进煤炭职业教育水平的提高。

三是推动煤炭职业院校的改革创新，加强人才培养、培训与企业生产实际的融合，适应产业转型升级需要培养新兴产业技能人才。在实践性教育课时数量、实训中心建设、顶岗实习制度等方面，探索和发展适合煤炭行业的实训教育体系，使煤炭专业“下得去井、用得起设备”，形成实用性强、适合厂矿生产条件的技能。

四是加强“双师型”教师队伍建设。促进校企共建“双师型”教师培养培训基地和教师企业实践基地，构建“双师型”教师培养体系。将企业生产项目实践经历、业绩成果等纳入教师的评价标准。完善职业学校自主聘任兼职教师的办法，实施现代产业导师特聘计划，设置一定比例的特聘岗位，畅通行业企业高层次技术技能人才从教渠道，推动企业工程技术人员、高技能人才与职业学校教师双向流动。

五是加强煤炭职业教育的教材建设。完善煤炭专业职业教育的教材规划、编写、审核、选用使用、评价监管机制。对接当下主流和引导性的生产技术，注重吸收煤炭行业发展的新知识、新技术、新工艺、新方法，校企合作开发专业课教材。建立健全“三年大修订、每年小修订”的教材动态更新调整机制。根据职业学校学生特点创新教材形态，推行科学严谨、深入浅出、图文并茂、形式多样的活页式、工作手册式融媒体教材。

六是提升职业教育专业和课程教学质量。规范煤炭专业人才培养方案研制发布程序，建立职业学校人才培养方案公开制度，为行业指导、企业选择、学生学习、同行交流、社会监督提供便利。加强课堂教学日常管理，规范教学秩序。推动职业学校“课堂革命”，适应生源多样化特点，将课程教学改革推向纵深。加强实践性教学，积极推行认知实习、跟岗实习、顶岗实习等多种实习方式，并根据专业实际集中或分阶段安排。

（四）推动企业和社会力量举办高质量煤炭职业教育

在煤炭工业部撤销后，煤炭职业院校失去了统一的规划和管理，导致横向上的归口部门多元化（教育、人社和企业等），纵向上的管理级别分层化

（从县区到省级）。煤炭职业教育融入统一的职业教育体系中，不再作为一种专门的教育门类。为了统筹规划煤炭职业教育的发展，就需要在现有的职业教育体系中增加专业化的维度，将类似煤炭、机械、化工、农业、服务等各个产业类型的职业教育分别设置相应的发展规划。这样做的好处是：可以在一般职业教育的基础上，针对不同行业职业教育的特点和市场供需状况进行灵活调整，兼顾职业教育的整体特征和部门特色。

与此同时，煤炭职业教育的成本投入较大，其发展离不开以企业为主体的社会力量的参与。发展煤炭职业教育要完成由以政府举办为主向政府统筹管理、社会多元办学的格局转变，加快推进职能转变，由注重“办”职业教育向“管理与服务”过渡，由参照普通教育办学模式向企业社会参与、专业特色鲜明的类型教育转变。构建政府统筹管理、行业企业积极举办、社会力量深度参与的多元办学格局。拓展校企合作形式内容，职业学校主动吸纳煤炭龙头企业深度参与职业教育专业规划、课程设置、教材开发、教学设计、教学实施，合作共建新专业、开发新课程、开展订单培养。鼓励煤炭龙头企业主导建立全国性、行业性职教集团，推进实体化运作。探索中国特色学徒制，大力培养技术技能人才。提升煤炭企业参与职业教育的积极性，推动建设一些具有辐射引领作用的高水平专业化煤炭产教融合实训基地。发挥煤炭企业重要办学主体作用，完善煤炭企业经营管理和技术人员与学校领导、骨干教师相互兼职兼薪制度。支持和规范社会力量兴办煤炭职业教育培训，鼓励发展股份制、混合所有制等职业院校和各类职业培训机构。

诸如“订单培养”“工学结合”“职业教育集团”“新型学徒制”等探索，应当继续深入研究和试验。按照“龙头带动，校企合作，城乡联动，优势互补”的原则，以九所院校为龙头，联合企业共同组建煤炭教育集团，推动公办职业教育学校资源整合和重组，走规模化、集团化、连锁化办学的路子。逐步建立学校与企业更为紧密的联系，让企业为学生提供实践机会，以适应更高的技能需要和群体工作需要，在企业中进行实践和岗位培训的工读交替的混合制度，深入推动新型学徒制的实践探索。这些有益的尝试和探索还需要进一步深入和落实。

在煤炭职业教育中全面推行现代学徒制和企业新型学徒制，鼓励煤炭企业利用资本、技术、知识、设施、设备和管理等要素参与校企合作。培育一些产教融合型煤炭企业，建立覆盖主要专业领域的教师企业实践流动站，发挥煤炭职教集团推进企业参与职业教育办学的纽带作用。健全以企业为重要主导、职业学校为重要支撑、产业关键核心技术攻关为中心任务的产教融合创新机制。围绕关键核心技术，推动公共教学资源和实训资源共建共享。充分发挥市场配置资源作用，鼓励开展混合所有制、股份制办学改革试点。

第六章

地位发展：产业工人职业地位提升

在实施制造强国战略背景下，无论是在制造业发展的现实中，还是在党和政府的政策话语上，产业工人的重要地位都得到彰显，但整个社会仍然面临两个非常重要的问题：一是人们不愿意当工人的问题；二是工人不愿意学技术的问题。这两个问题对产业工人队伍整体素质的提升形成了很大制约，需要我们找到一个解决问题的有效切入点。在这两个问题当中，我们可以发现一个共同的要素，即产业工人的职业地位提升问题。在社会分层和社会经济地位测量中，职业是广受研究者关注和应用的重要指标[①]。如果产业工人的职业地位能够从低层位置摆脱出来，获得较好的收入和较高的声望，那么工人职业岗位的吸引力就会有所提升；如果通过掌握技能和取得等级证书能够实现向上的职业流动，那么产业工人学习技能的主动性也会明显增强。因此，我们认为通过对产业工人职业地位提升的探讨，可以回应当前高素质产业工人队伍建设及其对国家发展战略的支撑问题。

一、职业地位提升的困境

职业地位得以提升的前提是良好的基本劳动权益保障，国企产业工人的权益保障较好，国有企业在劳动关系管理方面比较规范，职工福利体系相对完整，技能培训体系也比较成形，很多实践做法对于产业工人的职业发展

① 李强．试析社会分层的十种标准［J］．学海，2006（4）:40-46.

具有借鉴价值。例如，我国农民工群体总体上参加社会保险的比例相当低，2014 年国家统计局的数据显示，农民工“五险一金”的参保率分别为：工伤保险 26.2%、医疗保险 17.6%、养老保险 16.7%、失业保险 10.5%、生育保险 7.8%、住房公积金 5.5%①。而我们调查的煤炭企业数据是：养老保险、医疗保险、工伤保险、生育保险、失业保险、住房公积金的缴纳比例分别为 99.4%、98.8%、94.9%、75.6%、94.7%、94.9%，此外，企业缴纳补充养老保险（企业年金）的比例为 70.3%，参加大病互助的比例为 62.6%。

因此，对于以城镇职工为主体的传统国企工人而言，基础性的劳动权益问题也即“底线”问题基本得到保障，需要关注的是工人职业地位提升的困境。问题主要是在两个方面：一是产业工人职业地位在社会结构中的层级很低，职业岗位自身所带来的经济收入难以有效提升，技能提升与薪酬获得也不相匹配；二是产业工人职业晋升的空间和渠道有限，难以通过职业转换来实现地位上升。这种双重困境，也体现了我国传统产业工人在转型发展过程中的基本境遇。

（一）职业收入层级提升

在社会层级的划分上，韦伯提出的分层标准对后世研究影响极大，即从财富、权力和声望三个维度来衡量个体社会地位。对于产业工人的职业岗位而言，权力、组织方面的资源基本上是缺失的，如果岗位不变动，那么这些资源增加的可能性几乎没有，因而最终可以关注的影响因素主要是收入。可以说，经济收入才是影响产业工人职业地位变化的最重要变量。然而，国有

① 2014 年全国农民工监测调查报告［EB/OL］. 国家统计局网站，http://www.stats.gov.cn/tjsj/zxfb/201504/t20150429_797821.html.

企业产业工人的收入提升并不容易，我们可以从以下两个方面看到其困难所在。

1. **劳动所得的增加问题**

在A省煤炭企业中，工资分配具有向井下一线和技能人才倾斜的传统。比如一线工人的工资水平高于普通管理人员；在同等技术技能等级上，煤炭开采企业的工人工资普遍高于非煤炭开采企业；技能等级还可以获得一定的技能补贴。这是企业对于劳动条件艰苦的井下劳动者和掌握技术技能的高素质劳动者的收入补偿，但即使如此，煤炭工人的收入水平总体上并没有明显提高。

数据显示，A省煤炭工人的平均月收入为3707元，相当于2017年A省城镇非私营单位就业人员平均工资的74%（月均5005元）；在有效的504份职工问卷中，月均工资低于3000元的工人占43.8%，低于4000元的工人占67.5%，低于5000元的工人占85.5%。综合考虑过长的劳动时间、艰苦的劳动条件等因素，A省煤炭工人的收入水平仍然偏低。

从对收入的自我评价来看，煤炭工人的自信心、自豪感都比较缺乏。数据显示，近三成（29.7%）煤炭工人认为自己的收入在当地处于低等水平，43.8%的煤炭工人认为处于中等偏下水平，认为自己收入处于中等偏上水平的仅占2.0%。58.4%的煤炭工人对自己的收入不满意。煤炭工人一方面"收入低、地位低"，另一方面从事的工作极为枯燥，劳动强度大，环境艰苦，以至于"不愿意做工人、不愿意做煤炭工人"已经成为"80后"和"90后"两代青年人的主要意识倾向。

2. **技能收益的增量问题**

在煤炭产业工人的工资结构中，除岗位工资、绩效工资（计件）以外，一般还包括技能工资，高级工及以上技能等级的产业工人可以获得相应津贴。这意味着产业工人可以凭借所拥有的技术技能为劳动所得带来一定的增量。但从总体上看，技能收益的增量仍然不能体现高技能人才的价值，对于产业工人收入提升的效果非常有限。比如在一些煤矿企业中，初级工没有技能补贴，中级工额外每月补贴 100 元，高级工每月 150 元，技师每月 300 元，高级技师每月 600 元。高技能人才虽然凭借技能获得少量激励，但同时承担着设备维修、技术指导等其他方面的职责，对于以计件收入为主导的岗位来说，他们的最终收入相对于非技能工人来说，带来的增量仍然很少。所以在某些岗位上，产业工人更注重通过“多劳多得”来增加计件收入，对提升技能等级的兴趣不大，不愿意花时间去参加培训、考取等级证书以获得技能收益。

（二）职业“身份”转换和晋升

国有企业由于政治上的要求，必须要贯彻落实党的全心全意依靠工人阶级的方针，因而在工人的职业发展上有一些具体设计来体现工人阶级的政治定位，比如技能等级制度和转岗制度的设置等。然而，政策文件与实践应用之间往往存在较大的差距，产业工人向上流动的制度设计在现实中仍然面临各种障碍，效果相当有限。

1. 高技能等级获取问题

国有企业在技能等级上的设计主要是延长职业晋升的链条，在原有五个技能等级（从初级工到高级技师）的基础上，设置新的更高层级的技能等级。比如某集团制定了《关于员工职业发展通道建设的指导意见》等文件，在国家职业资格等级之外，设置首席技师、技能大师、技术大拿三个新层级，以完善技能人员培养、评价、聘任和激励机制，拓宽技能人员的职业发展通道。

但是这些晋升等级对于产业工人的可达性并不高。新设的高技能岗位一般实行聘任制，对于产业工人而言，在聘任标准、岗位比例和工种等方面常常存在很多限制性条件。比如聘任标准过高，高级职业资格的获得通常需要一定的理论知识和学历水平。很多老工人实际技能水平很高，能解决其他人难以解决的技术难题，但是由于理论和学历限制，技能等级一直提不上去。一些企业增设的首席技师等新技能层级则属于竞争性选聘岗位，因而选聘的标准极为严格。再如聘任比例过低，所有高技能岗位在设置和聘任过程中都有明确的比例限制，这种限制使得高技能等级变成一种特殊的组织资源，而不是对产业工人真实技能的承认制度。例如，在调查的煤炭集团中，高级技师比例不得超过本单位本工种定员人数的 3%，技师比例不得超过本单位本工种定员人数的 10%，本单位每个工种首席技师不得超过 1 人等。此外，目前在新兴产业中，可申报高技能等级的工种较为有限，不少工种在国家职业技能标准中没有设置高级技师等级，使高技能等级的评定呈现一定的滞后性。

2. 职业转型通道问题

转岗制度的设计试图打通不同类型岗位之间的流转通道，使管理岗、技术岗和操作岗这三种不同系列岗位在满足条件的基础上可以相互转换。单纯从发展通道上讲，产业工人可以通过向技术岗和管理岗的流动实现职业发展和职位晋升。调研中发现，一些在生产一线表现突出的技术工人，已经被选拔为班组长，步入基层生产管理岗位；甚至某些矿区的采煤队长、矿长等也是由一线生产工人成长而来；技术工人在达到技师和高级技师的等级后，满足相应的条件，也有机会转成技术人员岗位。

但是在实践过程中，向其他职业序列的转型也存在实质性的障碍。国有企业设置的转岗晋升条件都非常苛刻，实际转型的人数极少。企业的实际操作中，评价标准的难以确定，以及操作化转岗细则的缺乏，导致不同通道间很难实现真正跨越。虽然国企改革“去行政化”后“身份”的概念淡化了很多，但这种观念根深蒂固，仍然对人们的行动产生了很大影响。在人事和用工管理上，不同身份的群体也分属于不同体系。所以工人要想转入“干部”岗（管理岗），“工人身份”成为其天然的限制因素，遑论工人当中很多尚不属于正式工的群体。已实现岗位转换的产业工人，通常是由于工作成绩突出，得到单位领导的重视，获得机会转岗为基层管理者并逐步成长起来，更多的是依赖个体性因素而非制度化的方式。

与此同时，尽管相较于农民工群体，城镇本地居民占主体的煤矿产业工人的基本劳动权益虽已得到较好的保障，但劳工权利和劳工福利在中国“从来都不是普遍共享的，而是身份定向的”①。经历了改革开放的社会转型后，国企产业工人需要同时面对市场化所带来的社会福利的破损，以及国企内部的“福利身份化”遗存对于产业工人社会福利的制度性限制②。从属于不同“身份”的产业工人按照差异化的制度规则享受不同的福利待遇乃至社区公共服务。技能水平的提升难以带来国企内部的“身份”跃迁，产业工人对于技能学习的相对怠惰在一定程度上也是理性选择的结果。

---

① 苑仲达．劳动力商品化在社会福利体制研究中的位次［J］．理论与改革，2014（1）:80–84.

② 郭伟和．身份政治：回归社区后的北京市下岗失业职工的生计策略［J］．开放时代，2008（5）:88–107.

二、观念与制度根源

产业工人之间固然存在巨大的异质性，其内部分化也很显著。但是，当我们把产业工人作为一个社会群体和阶层来观察时，他们在社会结构中的整体位置是比较固定的，处于职业层级中的低层位置，并且社会声望都不高。这种结构性位置的形成原因不在于产业工人个体的努力程度和资源多寡，而存在于社会的观念、传统和制度当中。

（一）社会观念

中国社会自古以来的传统观念是重学历、轻技能。科举制兴起后，普通人可以成为秀才、举人、进士，有了这些学历，就有了相应的特权，也可以进入仕途。技能型劳动者则社会地位不高，社会声望一直较低。这背后的根源就是一个传统文化和观念的问题，也就是人们通常所说的“学而优则仕”“万般皆下品、唯有读书高”“劳心者治人、劳力者治于人”等。

新中国成立后，在社会主义文化和意识形态下，企业主人翁、八级工资制等话语和制度体系使工人阶级的政治地位、经济社会地位都实现了根本性的提高。但自改革开放以来，在市场经济条件下，社会文化和价值观又经历了一次大的转折，在经济理性主义、实用主义等多元思潮的影响下，财富、权力又成为衡量职业地位的主要标准，体力型、技能型劳动者又受到广泛轻视。将我国现今轻视技能劳动的社会文化与美国劳工阶层“以体力劳动为荣”的文化作对比，能够发现美国产业工人对于体力劳动的推崇深刻“锚定”了美国20世纪70年代至80年代“黄金时期”工人的美好生活——家家有车有房，和谐的工人社区，完善的子女教育，等等。这种与特定时代所绑定的信念，在今天依然支撑着美国新一代产业工人对体力劳动的推崇和对学校文化教育的鄙夷，尽管他们所面临的是“机器换人”、空心化的制造业以及工业城市的塌陷。反观我国，体力劳动、技能劳动所“锚定”的是计划经济时代崇高的政治地位与普遍贫困。而在产业逐步升级至高技术附加值的今天，中国的产业工人，尤其是高技术产业工人的“黄金时代”正在逐步浮现，但社会文化的相对滞后使得产业工人依旧与“不体面”深深绑定。

传统价值观糅合进现代经济理性中，塑造了当前对“不体面”的体力型、技能型劳动严重轻视的社会观念。在对职业院校教师和学生的访谈中，我们发现大多数学生对于职业教育的选择并不是主动的，基本上属于无法考上普通高中之后的无奈之举。这种对职业教育的认知和选择偏见，反映的正是人们对于职业教育所培养出来的技能型人才的轻视。刘精明、张丽在对中等职业教育的职场价值及其变化过程进行的梳理中，论证了改革开放后中专教育的职业价值急剧下降，由此引起人们对其选择的变化[①]。在很多国有企业中，职业岗位分为三种类型，即管理岗、专业技术岗和操作岗（工人岗）。其中，从事管理岗是所有职工最大的愿望，专业技术岗其次，工人、专业技术人员的发展路径都是希望能转向管理岗。与办公室一般工作人员相比，一线技术工人的收入往往因为计件工资而高出不少，但即便如此，多数劳动者也愿意拿较少工资从事管理工作，而不愿拿较高工资去做一线劳动者。

观念因素深植于个体行动当中，决定了个体行动的方向。当某种观念变成一种意识形态并在群体中扩散时，就会产生社会性的后果，影响社会制度、

---

① 刘精明，张丽．教育的职场价值与教育不平等——中专与普通高中之教育机会不平等变化的对比研究［J］．清华大学教育研究，2018（1）:10–23.

规范、禁忌、意识形态等[①]。轻视体力型、技能型劳动者的社会观念，一方面影响每个个体的行动选择，让社会成员在行动上尽量追求更加体面、收入更高的职业岗位；另一方面也影响社会制度的设计，使工人群体在劳动就业、收入分配、福利保障等方面处于相对弱势的地位。

（二）教育观念

与重学历、轻技能的社会观念相对应，目前我们在教育上也表现为对学历的崇拜和对技能的轻视。这体现在两个方面，一是职业教育相对普通教育而言受到的重视程度不足，发展面临很多困难，比如中职院校和高职院校的在校生分别占高中教育阶段和高等教育阶段的 45% 和 44.5%，但其教育经费仅占总教育经费的 6.9% 和 5.2%[②]；二是从家长的角度看，多数人对子女的教育期望仍然是接受普通教育。

从煤炭行业职业院校的发展状况就能窥见一斑。A 省煤炭产业非常重视职工的教育培训工作，拥有多所高水平的煤炭职业教育学校，这是传统国有企业在工人培养上的一个重要特征。近年来，煤炭职业教育的发展与行业发展和经济形势密切相关。在煤炭产业转型升级的背景下，煤炭职业教育也面临转型升级的严峻挑战，涉及专业设置、人才引进、教育方法和经费投入等多个方面。从生源来看，如何吸引优秀的学生进入职业教育也是一个重大课题。目前的高考招生制度是单线的梯度录取，上不了本科的学生才会考虑进入高职院校。调研中发现，高职院校的录取分数逐年下滑，学生素质也有所

① 唐世平．观念、行动和结果：社会科学的客体和任务［J］．世界经济与政治，2018（5）:33-59+156.

② 韩永强．我国职业教育发展：现状、问题与方略［J］．职业技术教育，2015（7）:17-22.

下降。

从家长的教育期望来看，普遍的愿望是希望子女能够获得较高的学历。在 2012—2013 年清华大学经济社会数据中心开展的“中国城镇化与劳动移民研究”调查项目中，涉及对家长的教育期望的测量。不论是城镇居民、农村居民还是农民工群体，父母对子女的教育期望都是偏重学历的，超过 90% 的家长都希望子女能够达到大学本科及以上的学历。从“家长预计子女能够达到的教育程度”来看，主要也是以高学历为主。在城镇居民中，85.1% 的人预计子女能够达到本科及以上的学历，预计达到大专程度的只有 5.4%：农民工群体有一点差别，预计子女能够达到本科及以上学历的占比 71.8%，预计达到大专程度的为 7.8%。

“学历崇拜”以及对职业教育的轻视的背后是我国产业发展和教育资源分配的不平等。优秀的高等职业教育资源分布与优质高新技术产业的分布高度重合，产业经济最为发达的华东地区分布着全国 26.51%（368 所）的高职院校，是高职院校数最少的西北地区（113 所）的近 4 倍[①]。高度异质性的教育资源分布所带来的自然是差异巨大的收入回报。在教育资源、产业经济的双重因果机制下，经济欠发达地区唯有将阶层流动的希望寄托于更高的学历教育，而非回报微薄的职业教育。

（三）制度安排

在上述文化观念因素之外，社会制度的安排当然还受到经济社会发展中多种因素、多方力量的影响。而社会制度一旦确立，就是一种结构性的社会

① 宋亚峰，王世斌，潘海生 . 我国高职院校空间布局：形态、动因与优化［J］. 中国职业技术教育，2018（36）:16-23.

力量，对社会成员产生约束和规制。我们在国有企业这样一个组织空间中进行研究，能看到国家的制度安排在经济组织实践中的具体体现，以及对企业成员所带来的现实影响。

以职位晋升的制度安排为例，在国有企业三个系列的岗位当中，产业工人职业发展的天花板明显低于管理岗位。就层级而言，从一般管理人员开始，可以上升到科级正副职、处级正副职乃至更高，同时这些职位往往存在非领导职务序列，从而晋升空间极为广阔。不仅如此，管理岗位还天然掌握着更多的经济和组织资源。相比之下，工人系列的职业发展通道格外狭窄。国有企业通过设置新的技能等级增加了工人群体的晋升链条，但是职业发展的天花板仍然较低。在我们调研的企业中，工人岗位的最高等级是集团公司层面的首席技师，一个集团一般只聘有一人；其次是技能大师，每个二级公司一般也只是聘任一人。而且，首席技师的待遇只是比照集团公司中副处级的管理干部，后者在管理序列中只是中层副职，技能大师的待遇只是相当于科级管理干部的水平。

产业工人职业晋升的天花板效应背后是收入分配制度中“劳动”要素的相对弱化。改革开放后，我国改变了以前比较单一的按劳分配方式，实行市场经济条件下多种分配方式并存的制度。改革的目的是要消除传统分配方式无法准确测度劳动者在生产中的实际贡献率和平均主义等弊端，增加按生产要素分配的方式，激发经济生产活力。尽管按劳分配为主体是我们的基本分配原则，但在经济活动的各个领域中，技术、管理特别是资本要素的分配所得占有越来越多的份额，而劳动者的劳动在收入分配中的比重难以提升。在很多国有企业中，薪资分配倾向于管理干部的现象比较明显。除一般管理人员外，管理岗均实行年薪制——这不仅意味着客观的薪金所得，更代表了超出产业工人的身份与地位，而工人岗位中最高层次的首席技师也只能获得相当于管理岗中层副职的薪酬。总体上看，市场经济体制下的收入分配制度强化了生产要素参与分配的原则，但是劳动力价格的确定、劳动作为生产要素参与利润分配的制度还不完善，容易使不同群体的收入分配产生明显的不平衡。

三、职业地位的提升路径

产业工人职业提升的双重困境，既根植于其职业提升的制度性障碍，也外显于对产业工人符号性的污名化过程。相应地，解决困境的思路也在于实现“内”“外”两个方面的改变，即提升产业工人职业岗位所能带来的经济收入和社会声望，实现产业工人职业层次及其内在价值的提升；增加更多的产业工人能够达到的高层次职业岗位，实现产业工人职业晋升渠道的多样化。但正如我们对观念和制度因素的讨论，上述两种改变最终依赖于能否在社会领域培育尊重劳动和劳动平等的观念，能否在国家的制度设计中更多地体现劳动的价值和贡献、体现以劳动为中心的建构理念。产业工人亟须一个属于他们自己的“黄金时代”，一段可以扎根于一代人记忆之中的富足记忆。唯有在制度性的积极文化和社会环境之中，产业工人的个体人力资本因素才会在他们寻求向上流动的过程中发挥长久的支撑作用。

（一）观念与物质的双向重塑

产业工人的职业和劳动在社会中的受尊敬程度关乎今后谁来当工人的核心问题。只有实现体面劳动，具有良好的社会声望，工人职业才能产生足够的社会吸引力。面对轻视劳动的传统和现代经济理性主义、实用主义的裹挟，人们的观念需要另一种反向力量来进行纠偏，以便重塑崇尚劳动和技能的社会氛围，重塑以劳动为中心的资源分配理念。

观念重塑表面上是意识层面的问题，实际上也离不开物质层面的支撑。劳动的职业如果不体面，不能带来现实的利益，良好的声望就无从谈起。因此，观念重塑应该是一个意识层面和物质层面同步进行的再造过程。从意识层面看，需要宣传和培育平等的价值观、尊重劳动的价值观，不以职业来分优劣贵贱。这涉及两种社会力量的作用，一是传媒的话语力量，在舆论上引导对劳动和劳动者的公正的、积极的评价；二是教育系统的教化力量，可以在人的社会化进程中持续对态度、价值、习惯等进行塑造。从物质层面看，底线任务是要保障产业工人等劳动者群体的各项权益不受侵害。在中国社会的不同职业群体中，产业工人尤其是其中的农民工，劳动经济权益受损现象仍然较为严重。很难想象，一个职业群体的基本权益都得不到有效保障，如何能够获得社会尊重。除此之外，还包括要通过劳动领域的政策、法律和制度改革等方式，使产业工人的职业岗位能够获得更多的物质利益。

（二）制度改革

对于产业工人而言，目前收入分配、职位晋升等方面的制度和规定是有失公平的。制度性约束使整个群体的职业地位很难实现有效提升。基于在观念上对劳动价值的肯定，应当以劳动为中心来设计相关的制度规范。当然，以劳动为中心并不意味着忽略其他生产要素的贡献，也不排斥其他要素参与利益分配，不过是回归到对劳动首要性的肯定。在德国、日本等制造强国中，产业工人的收入能够伴随经验和技能提升得到很大提高。比如德国职业学校学生进入企业工作几年后，可以考试晋升为师傅，如高级技工。高级技工收入明显增加，而且有权利作为法人独立经营企业。日本一直延续的年功序列制，更是保障员工的工资能够随着工龄的增长、经验和技能的提升而得到持续增加。

首先是收入分配制度的改革，要在坚持按劳分配原则的基础上，更加重视劳动要素的贡献和价值，增加劳动在收入分配中的比例。早在 2002 年，党的十六大就提出了“确立劳动、资本、技术和管理等生产要素按贡献参与分配的原则，完善按劳分配、多种分配方式并存的分配制度”，将劳动作为参与收入分配的首要生产要素。党的十八大再次强调“完善劳动、资本、技术、管理等要素按贡献参与分配的初次分配机制”，党的十九大则提出“完善按要素分配的体制机制，促进收入分配更合理、更有序”。因此，增加劳动收入、普遍提高产业工人工资水平，应当成为未来收入分配改革的一个基本方向。在国有企业中，现有的工资决定机制也需要进一步完善，要按照国务院的指导意见，改革工资总额的决定机制、管理方式和企业内部分配制度等，推动产业工人群体的收入增长。

其次是打破产业工人晋升的天花板，要在技能等级设置和人事、用工管理上为产业工人群体创造实际价值。在技能等级制度中，需要考虑三个方面：一是基于产业工人的技能水平、实践经验，设置合理的、足够的等级数量，增加产业工人晋升的层级，形成比较完整的职业晋升链条；二是等级提升的标准应当科学合理，保证每一层级的可达性，即产业工人通过努力可以到达相应的层级；三是不同职业等级要设置相应的工资标准，保证等级上升能够带来实际利益的较大改变，使产业工人能够凭借技术技能获得更高收入。李强教授提到新中国成立后实施的八级技术等级制度[①]，实际上也是强调八级分层的技术标准不仅是明确的、可操作的，而且高等级的技能层级直接对应了很高的收入和地位。在人事、用工制度方面，目前需要突破现有人事、用工管理上的“多轨制”，打破传统的身份界限，实行统一的人力资源管理制度，打开不同职业群体的职业转换空间，使符合条件的技能人才能够进入技术岗位和管理岗位，参与到企业技术工作和管理工作中，实现企业人力资源的最优化配置。

（三）人力资本培育

在社会承认和通道打通的情况下，人力资本是支撑产业工人职业晋升和社会流动的基础条件。人力资本的提升既是一种个体行为，也是一种国家和社会的战略行为。个体工人可以基于自身的条件和努力，以获得更好的岗位和收入；但在宏观层面，政府也需要从国家发展战略出发，着眼于全面提高劳动者素质，实施系统化的人力资源建设工作。从国际经验看，尽管不同国家的发展路径和劳资关系体系各不相同，但劳动者技能养成体系的制度设置在经济社会发展中的作用都是关键的[②]。例如德国，无论是政府还是企业，都特别重视人力资源开发，形成了“双元制”的职业教育体系。

围绕产业工人技能和素质的提升，有不少研究针对存在的问题和解决的思路进行了探讨。比如，刘玉照分析了在社会转型的背景下，传统工人技能

① 李强．为什么农民工“有技术无地位”——技术工人转向中间阶层社会结构的战略探索［J］．河北学刊，2010（6）:8-18.

② Kathleen Thelen, How Institutions Evolve: The Political Economy of Skills in Germany, Britain, the United States, and Japan［M］, Cambridge University Press,2004.

养成体系面临很大挑战，涉及农民工群体参加技能培训的回报不足、政府和企业参与培训的积极性不足等问题，进而提出横向协同治理的解决思路①。我们认为，产业工人的人力资本提升需要考虑两个方面，一是直接的技能养成，二是长远的终身学习。从技能养成看，要适应产业转型升级和产业工人发展需要，构建政府、企业、工会、职业院校等多元主体共同参与的技能形成体系，发挥企业和职业院校的主体作用，加大职业教育、技能培训投入力度，推动劳动竞赛和职工技术创新活动，合力打造高素质的技能人才队伍。从终身学习看，要搭建服务产业工人的学习体系，实现职业教育与普通教育的有机衔接。完善和推广普通本科院校招收中职学生的经验和做法；优化技能型人才培养的“双证书”模式；创造更好的便利条件和激励措施，进一步鼓励有条件的技术工人进入高等院校进行深造。在“机器换人”成为大势所趋的今天，面对经济结构优化升级带来的用工模式的变化，当代产业工人职业教育需要抓住智能化生产体系带来的人才结构的去分层化②，即技能型、操作型、工程型、管理型人才的融合趋势，通过“工作系统分析”与“职业能力研究”相结合的方式，打造适应智能化时代的职业教育体系。这些人力资本提升的措施，最终可以为产业工人群体的职业转换和地位提升提供动力。

① 刘玉照 . 中国新产业工人技能养成难题［J］. 探索与争鸣，2015（8）:35–37.

② 徐国庆 . 智能化时代职业教育人才培养模式的根本转型［J］. 教育研究，2016（3）:72–78.

第七章

转型与发展：培养新时代产业工人

人类社会又一次进入深刻的科技变革进程，很多人将其概括为第四次工业革命。施瓦布认为，第四次工业革命始于世纪之交，是在数字革命的基础上发展起来的，表现为：互联网变得无处不在，人工智能和机器学习也开始崭露锋芒[①]。在这场革命当中，新兴技术和各领域创新成果传播的速度和广度要远远超过前几次工业革命。中国也深深感受到技术革命所带来的经济和产业结构变革。与德国工业 4.0 类似的是，中国 2015 年出台了制造业未来发展的纲领性文件《中国制造 2025》，以智能制造为主攻方向，促进产业转型升级，最终要实现中国制造业由大变强的历史跨越。2017 年 10 月，党的十九大报告也明确提出，加快建设制造强国，加快发展先进制造业，推动互联网、大数据、人工智能和实体经济深度融合，在中高端消费、创新引领、绿色低碳、共享经济、现代供应链、人力资本服务等领域培育新增长点、形成新动能。目前，中国在大数据、人工智能、分享经济、物联网、无人驾驶等领域获得快速发展，新产业、新业态、新商业模式将在中国未来经济社会发展中充当重要角色。同时，新技术的运用也将带来传统产业的优化升级，推动传统产业走质量型效益型发展之路。

本书的研究在新技术革命和传统产业优化升级的背景下，聚焦煤炭产业转型升级和煤炭工人转型发展的方式和路径，目的在于回应如何适应新时代经济社会发展需要，培养高素质产业工人队伍，促进产业工人全面发展的问

① 克劳斯·施瓦布．第四次工业革命：转型的力量．李菁译．中信出版社，2016.

题。实现这个目的，一方面需要发展高质量的职业教育，培养新的优秀产业工人；另一方面要推动职业技能提升行动，提升存量产业工人的技能素质。除此之外，必须提升技能型工作岗位的职业吸引力，吸引更多的劳动者走技能成才道路，这就需要切实保障一线劳动者特别是体力型、技能型劳动者的合法权益，营造尊重劳动、尊重技能的社会氛围。

一、发展高质量职业教育

在对煤炭职业教育的分析中，我们发现这个传统能源行业曾经形成了一整套完整的职业教育体系，从高职院校、普通中专、技工学校到职工大学、函授电大和职教中心等，在煤炭职业人才培养方面发挥了重要作用。在经济体制转型和产业转型升级过程中，煤炭职业教育也经历了巨大的阵痛与改变。虽然这种转型是多数传统产业共同面临的一种境遇，但是在煤炭这一特殊产业中，一些问题表现得更加明显。在煤炭产业景气度下降的时期，艰苦的工作环境对煤炭职业院校的招生和就业等产生显著影响。教育模式也因为国家政策、经济发展、市场环境变动等因素而处于一种持续的变动当中，企业与学校的关系变化也影响校企合作的方式和效果，职业教育质量难免会受到明显影响。

在全面建设社会主义现代化国家、实现中华民族伟大复兴中国梦的历史进程中，要培养有理想守信念、懂技术会创新、敢担当讲奉献的高素质劳动者，实现高质量发展，离不开高质量的职业教育。2021 年 4 月，在全国职业教育大会召开之际，习近平总书记对职业教育工作作出重要指示，强调在全面建设社会主义现代化国家新征程中，职业教育前途广阔、大有可为；要加快构建现代职业教育体系，培养更多高素质技术技能人才、能工巧匠、大国工匠。这为解决职业教育中的关键问题、促进职业教育发展指明了方向。可以说，目前职业教育在政策、资源、舆论等各个层面都面临着非常好的发展机遇，需要抓紧机遇，把握正确的办学方向，推动教育质量显著提升。本书基于煤炭产业调研提出以下三项重点内容。

（一）深刻认识职业教育的功能定位和深远意义

职业教育与普通教育是两种不同的教育类型，具有同等重要地位。这一“类型教育”定位，把职业教育摆在与普通教育同等的位置，明确了职业教育在国家人才培养体系中的基础性作用。在全面建设社会主义现代化强国的征程中，未来中国社会将建设成为一个国家重视技能、社会崇尚技能、人人学习技能、人人拥有技能的技能型社会，职业教育将成为社会进步、科技创新、经济繁荣的重要推动力量。2021 年 10 月，中共中央办公厅、国务院办公厅印发《关于推动现代职业教育高质量发展的意见》，提出“职业教育是国民教育体系和人力资源开发的重要组成部分，肩负着培养多样化人才、传承技术技能、促进就业创业的重要职责”，并提出推动高质量发展的具体措施。党和政府、经济部门、社会各界及广大劳动者要在思想上和认识上破除轻视劳动、轻视技能、轻视职业教育的传统观念，把职业教育作为人的全面发展的基本途径，促进更多劳动者走技能成才道路。当然，这种观念转变也涉及下文谈到的提高技术技能价值的问题，即让观念转变建立在丰富的物质土壤之上。

（二）推进职业教育多元主体协同

职业教育具有明显的“应用性”特征，这一特征意味着职业教育绝不单纯是教育部门和职业院校的责任。既然职业教育要为企业等经济部门培养适应生产需要的技能型人才，那么作为用人单位的企业必然要成为职业教育的重要主体之一，必然要积极参与到技能型人才的培养过程中，深化产教融合、校企合作，确保职业院校培养出的人才能够满足企业需要。在《关于推动现代职业教育高质量发展的意见》中，提出了“构建政府统筹管理、行业企业积极举办、社会力量深度参与的多元办学格局”，并且“鼓励上市公司、行业龙头企业举办职业教育，鼓励各类企业依法参与举办职业教育”。

此外，还需要发挥政府和工会组织的作用。政府是职业教育的规划者、投入者、资源链接者，政府要在充分认识职业教育重大意义的基础上，全面统筹谋划职业教育的发展战略、模式和路径问题。工会组织作为职工群众自己的组织，承担着四项基本的社会职能，即维护、建设、参与和教育。在工会的这个教育职能中，更多的是下文会涉及的技能培训问题，但也包括与职业院校进行合作，支持职业院校的人才培养工作。

（三）构建多层次的职业教育体系

职业教育作为有别于普通教育的另一类型的教育，本身也具有自身的层次性，需要摆脱“低层次”“低水准”的传统认知。也就是说，在职业教育发展的道路上，一样可以通过学习和积累去完成高等教育，获得更优质的技能培养。职业教育需要根据产业发展、岗位条件、劳动者素质等需求，进一步构建完善的从中等职业教育到高等职业教育的基本体系，使中职、高职教育能够有效衔接起来，并稳步发展职业本科教育，打通教育提升通道，也打开职业教育的发展空间。

在这个多层次职业教育体系当中，还包括“职普融通”。职业教育与普通教育的融通，实际上也是为技能型工人打造多渠道成才的立体化空间。这包括为接受职业教育的学生提供进入普通高等教育的机会，以及为技能人才制定与专业技术人员相对应的职业发展渠道，如建立职业资格与相应的职称、学历可比照认定制度等。目前很多省市也在推动本科院校面向中职进行招生，这是一种非常积极的融通方式。例如，2021 年广西共有 10 所本科院校参加本科对口中职招生试点工作，分别为广西科技大学、北部湾大学、河池学院、百色学院、梧州学院、贺州学院、广西民族师范学院、广西科技师范学院、广西城市职业大学和广西职业师范学院，共计划招生 2100 人。

二、推动产业工人职业技能提升

从煤炭产业的调研情况来看，煤炭工人的技术技能素质发展状况相对不错，高技能人才比重相对较高。很多煤炭企业非常重视技能培训工作，建立了比较完善的技能培训和资格认证制度，并形成了比较系统化的培训体系。师徒制模式、劳动和技能竞赛、安全教育和培训等不同形式，在煤炭产业工人的技能养成中也发挥了较大作用。但存在的一些问题也比较明显，比如不同企业集团职业技能的评价和鉴定体系不相统一，不同培训主体的培训资源也缺乏有效的整合，不利于技能型产业工人的流动和发展。在供给侧结构性改革背景下，在煤炭等去产能的产业类型中，低端技工供给过剩，如通用工种：车工、钳工等，重要工序的技能工人比较短缺。从总体上看，中国技能人才特别是高技能人才的总量仍然不足，结构也不合理。目前全国技能人才总数已超过 2 亿人，但仍只占就业总量的 26%。高级工及以上的高技能人才仅有 5000 万人，占技能人才总量的 28%[①]，与德国、日本等制造强国相比，差距仍然明显。特别在作为产业工人主体部分的农民工群体中，接受过专业技能训练的比例更小。

对于存量产业工人而言，职业技能培训是技能素质提升的主要途径。2019 年 5 月，国务院办公厅印发《职业技能提升行动方案（2019—2021 年）》，把职业技能培训作为保持就业稳定、缓解结构性就业矛盾的关键举措，作为经济转型升级和高质量发展的重要支撑；部署对职工等重点群体开展有针对性的职业技能培训；提出到 2021 年底，技能劳动者占就业人员总量的比例达到 25% 以上，高技能人才占技能劳动者的比例达到 30% 以上。目前，这一目标已基本完成。面向未来、面向技能型社会的建设任务，针对产业工人的技能提升行动需要重视以下三个方面的工作。

（一）形成多主体协同培训的整合体系

针对目前培养部门多样、培训项目内容交叉、培训方式与工人需求不适应、培训评价体系彼此分割、培训质量不能满足产业转型升级要求等问题，需要统筹不同主体的行动，明确界定不同主体的培训对象、内容和层次，形成资源整合、相互协调和衔接互通的状态。这些培训主体不仅包括政府、职业院校和企业，也包括群团组织、社会组织等。

在职业技能提升行动中，政府的角色和功能非常重要，需要从技能型社会建设、全社会人力资本建设的高度，对产业工人技能提升进行战略规划和具体部署。在多主体协同培训的整合体系中，政府相关部门是规划者、组织

---

① 就业难与招工难并存，将深入实施职业技能提升行动［EB/OL］. 人力资源和社会保障部网站，http://www.mohrss.gov.cn/SYrlzyhshbzb/rdzt/zyjntsxd/zyjntsxd_zxbd/202103/t20210303_410443.html.

者和协调者，推动其他培训主体积极参与到职工技能提升的行动当中，可以说是整个体系建设的灵魂。职业院校在开展全日制职业教育的同时，要把产业工人的职业技能培训作为重要职责，加强与政府、群团组织和企业合作。政府也应当支持职业院校的培训工作，推动职业院校扩大面向职工、就业重点群体和贫困劳动力的培训规模。企业是培训的主体之一，工会组织也担负培训的重要职责。除此之外，要发挥职工技术协会、民办职业培训和评价机构、社会服务类机构等社会组织的作用，承接政府购买服务，加强校企合作，发挥社会力量补充作用。

（二）充分发挥工会在职工技能提升上的重要作用

在工会的四项社会职能中，建设职能是组织动员职工参与经济建设，实际上也依赖于广大职工所具有的整体素质。教育职能则体现为工会是所“大学校”，有责任提高职工的思想道德素质和技术技能素质。因此，面对第四次工业革命下传统产业升级和新兴产业发展的形势和要求，未来工会必须更好地履行建设和教育等职能，在产业工人技术技能素质提升中发挥更大的作用。

工会在职工技能素质提升中的作用主要有三点：第一，源头参与法律和制度建设。中国工会的政治地位，即作为中国共产党联系职工群众的桥梁和纽带、国家政权的重要社会支柱，决定了工会能够在国家和社会事务管理方面发挥较大的作用。其中，开展源头参与活动，从立法和建制方面入手，解决未来产业工人队伍的教育培养、技能提升、发展激励等方面的焦点问题，相关成果值得期待。目前中国工会在产业工人队伍建设的源头参与方面已经发挥了相当大的作用，比如牵头起草《新时期产业工人队伍建设改革方案》《关于提高技术工人待遇的意见》等重要政策文件。第二，发挥协调者、促进者的角色，推动政府、企业和社会资源的协作共享，使各个主体充分重视职业培训工作，并促进技能型人才的培养结果能够符合企业的生产需要。第三，通过建好劳模创新工作室，开展技术创新和劳动竞赛活动，帮助提升职工技能素质、推动企业技术创新。劳模创新工作室或技能大师工作室的作用不仅在推动创新，也在于在实践过程中，通过“师带徒”的方式、技能培训和交流等，培训大量高素质的劳动者。2017 年 7 月，全国总工会下发《关于进一步深化劳模和工匠人才创新工作室创建工作的意见》，明确将劳模创新工作室视为传承劳模精神、劳动精神、工匠精神的“新平台”，解决生产技术难题的“攻关站”，推动企业技术创新的“孵化器”，培养高技能人才的“练兵场”。2020 年 12 月 10 日，习近平总书记致信祝贺首届全国职业技能大赛时也明确指出，职业技能竞赛为广大技能人才提供了展示精湛技能、相互切磋技艺的平台，对壮大技术工人队伍、推动经济社会发展具有积极作用。

（三）促进企业成为职工技能提升的主要主体

德国、日本在员工技能培训方面的一个重要经验，就是企业特别重视人力资源开发，这成为技能人才培养的重要力量。德国的企业普遍认为人力资源的规划和培训非常重要，对人才培养、培训的投资就是对公司未来发展的投资。在德国的技能人才培养中，企业培训起着主导作用，职业学校只是起着配合和服务的作用。当然，德国政府也特别支持企业的培训工作，制定专项政策，补贴企业技能人才的培训费用。例如，规定企业的职业教育经费可计入生产成本，可减免税收，可计入产品价格，在产品销售后收回等。相对而言，我国制造业企业对职工技能培训的重视度还不够，特别是不重视一线员工职业素养的提升。因此，在我们的技能提升行动中，要支持企业回归主体的位置，承担起提升职工技能素养的责任，同时为企业发展奠定人才基础。具体而言，企业要通过建设职工培训中心、实施现代学徒制、开展职工创新活动等方式，把职工技能培训作为人力资源开发的重要工作；加强与职业院校合作，充分利用职业教育方面的优质资源，同时以企业生产实际和岗位需求来引导职业教育和技能培训的内容创新、模式创新；政府、工会组织等相关机构要通过工作引导、资金支持、政策优惠等方式，加大对企业开展技能培训工作的支持力度。

三、保障产业工人合法权益

在技能型人才队伍建设的背后，有一个“劳动者为什么要当工人”的问题，也就是如何吸引更多的劳动者从事技能型工作，成为高素质的技能型人才。产业工人的技能升级与职业发展有着密切的联系。技能提升可以成为职业发展的重要基础，而通过技能提升实现何种程度的职业发展，也是劳动者努力提升技能的动力所在。在《新时期产业工人队伍建设改革方案》中，明确提出产业工人队伍建设的总体思路是“政治上保证、制度上落实、素质上提高、权益上维护”，把维护产业工人劳动经济权益作为产业工人队伍建设的基本保障。可以说，保障产业工人合法权益是培养新时代产业工人的底线问题。如果作为一名技能型劳动者，其基本的劳动经济权益都得不到保障，那么劳动最光荣的价值理念如何体现，又如何能够吸引更多的劳动者致力于从事体力型、技能型工作？因此，在产业工人转型和发展的任务中，必须坚持底线思维，确保产业工人尤其是其中的农民工群体作为劳动者的基本权利不受侵害。

（一）提高产业工人的组织化程度

提高产业工人的组织化程度，目的是提高产业工人特别是农民工群体加入工会的比例，变个体维权为组织维权，通过工会组织的力量来维护产业工人的合法权益。按照2018年11月中国工会十七大报告提到的数据，农民工会员1.4亿人，约占农民工总数的50%。目前还有相当大的职工群体没有得到工会组织的有效保障。在工会组织的维权行动中，也应当重点关注一线产业工人，特别是农民工的合法权益。

（二）逐步消除“多轨制”用工方式

对于相同的工作岗位和工作内容，不同的用工方式之间存在明显的权益差异，这损害了劳动和就业领域的基本公平。目前，在很多企业尤其是一些大型国有企业，在市场化经营的过程中形成了多种用工方式。企业中管理岗位和专业技术岗位属于企业的正式岗位，而很多一线工作通过劳务派遣的方式雇佣员工，并且由于国家要求企业严格控制劳务派遣用工数量，很多企业进而采用外包的方式进行应对。这些用工方式使产业工人获得的经济收入和保障水平远远低于正式职工。因此，保障产业工人合法权益需要坚持同工同酬的原则，改革不合理的劳动用工制度，统一和规范劳动者的薪酬标准和福利待遇，保证就业领域的基本公平，解决不平衡不充分的发展矛盾。

（三）积极开展产业工人的维权和服务工作

在产业工人当中，权益问题缺乏保护最严重的是农民工群体，可获得的保障最少的也是这一群体。因此在产业工人的维权和服务工作中，要把农民工作为最重点的人群。在《中国工运事业和工会工作“十四五”发展规划》中，专门将“做好农民工维权服务工作”作为一项重要任务。具体来说，要推动企业为农民工足额缴纳社会保险，推动城市社会保障体系公平地覆盖到农民工群体，逐步实现农民工群体依法享有城镇职工基本养老保险和基本医疗保险，做好农民工跨统筹地区、跨险种的社会保险转移接续工作，推进农民工依法全面持续参加职工社会保险。广泛开展服务农民工的各项工作，将农民工纳入城市住房保障、义务教育等公共服务体系当中，降低农民工的城市生活成本，将农民工随迁子女义务教育纳入城镇发展规划和财政保障范围，等等。

四、营造以劳动为中心的社会氛围

产业工人的转型发展不仅是一个技术提升过程，也是一个在政治、经济和社会地位等方面全面发展的过程。一个社会如果缺少崇尚劳动、尊重劳动者的风气，就不可能保障工人阶级的主人翁地位，也难以推动产业工人的转型和发展。中国传统社会中一直以“士、农、工、商”进行排序，官僚阶层和知识阶层排在第一位，所以“学而优则仕”，从事工商业的劳动者被排在后面。这种观念的影响仍然延续到现在，绝大多数人都希望上普通高中、考上大学，然后去从事管理性质的工作，接受职业教育在很多人看来是一种无法进入普通高中后的无奈选择。在技能人才的职业发展上，也面临很多难以逾越的困境。比如在很多企业中，技术技能的认定与职位晋升、工资收入不挂钩，技术技能难以体现自身的价值；劳动作为生产要素在初次分配体系中所获得的份额偏低；等等。因此，在这样的社会氛围下，迫切需要我们大力弘扬以劳动为中心的价值观念，营造尊重劳动、尊重技能的社会风尚。党的十九大报告也明确提出，要弘扬劳模精神和工匠精神，营造劳动光荣的社会风尚和精益求精的敬业风气。就具体路径而言，主要包括以下两个方面。

（一）弘扬劳模精神、劳动精神、工匠精神

2020 年 11 月 24 日，习近平总书记在全国劳动模范和先进工作者表彰大会上的讲话中，充分肯定了全国劳动模范和先进工作者的卓越贡献和崇高精神，明确提出要大力弘扬劳模精神、劳动精神、工匠精神，强调“三种精神”是以爱国主义为核心的民族精神和以改革创新为核心的时代精神的生动体现，是鼓舞全党全国各族人民风雨无阻、勇敢前进的强大精神动力。“三种精神”共同构成一个以劳动为中心的完整价值体系。以“崇尚劳动、热爱劳动、辛勤劳动、诚实劳动”为内容的劳动精神是整个体系的基石，突出了劳动在人类社会发展中的关键地位，是劳动价值论的形象诠释。以“执着专注、精益求精、一丝不苟、追求卓越”为内容的工匠精神，属于劳动过程中追求卓越和极致的职业精神，是创造社会财富的基本动力，构成了整个体系的中坚。以“爱岗敬业、争创一流、艰苦奋斗、勇于创新、淡泊名利、甘于奉献”为内容的劳模精神，体现了立足劳动、奉献社会、成就大我的精神信仰，是工人阶级伟大品格的生动呈现，可以说是整个体系的灵魂。

弘扬“三种精神”，能够有效回应现代社会中特定观念和思潮的影响与冲击。首先，劳模精神是对经济理性思维在社会生活中全面渗透的一种平衡。避免不受节制的经济理性将社会价值导向利益至上，避免在衡量事物和行为时把个人利益作为根本标准。特别是对于不同职业和劳动岗位，不能根据经济利益的多寡而将其区分为高低贵贱。其次，劳动精神是对轻视劳动、忽视

劳动的社会观念的一种纠偏。把劳动带回社会价值的中心，引导人们重视劳动、尊重劳动者，特别是尊重体力劳动者，平等对待每一份职业。最后，工匠精神是对重学历轻技能的传统观念的一种解构。在经济结构调整、建设现代化经济体系的历史进程中，需要通过工匠精神重构崇尚技能的社会氛围，鼓舞更多的人走技能成长成才之路。

因此，要通过传媒的话语力量和教育的教化力量，宣传和培育职业平等、尊重劳动、崇尚技能的价值观，营造良好的社会氛围。特别是注重对年轻人开展劳动教育，培养德智体美劳全面发展的社会主义建设者。在宣传劳动者典型事迹和精神风貌的过程中，既要注重对劳动模范、技师工匠等先进人物的事迹呈现，也要把普通劳动者作为重要的主体，展示普通劳动者生产生活中的种种闪光点。

（二）提升劳动和技能价值

营造以劳动为中心的社会氛围，不仅需要在精神和意识层面弘扬“三种精神”，而且需要打好物质基础，提升劳动和技能价值，让人们看到劳动和技能能够带来良好的社会声望、职业发展和薪资收入。《中华人民共和国国民经济和社会发展第十四个五年规划和2035年远景目标纲要》在“优化收入分配结构”部分，明确提出“坚持按劳分配为主体、多种分配方式并存，提高劳动报酬在初次分配中的比重”，同时提出“实施扩大中等收入群体行动计划，以高校和职业院校毕业生、技能型劳动者、农民工等为重点，不断提高中等收入群体比重。提高高校、职业院校毕业生就业匹配度和劳动参与率。拓宽技术工人上升通道，畅通非公有制经济组织、社会组织、自由职业专业技术人员职称申报和技能等级认定渠道，提高技能型人才待遇水平和社会地位”。

劳动和技能价值的提升，关键是要通过劳动就业、技能培训和收入分配领域的政策和制度改革，使普通劳动者的职业岗位能够获得更好的物质利益。在收入分配中，要增加劳动的收入，将劳动作为参与收入分配的重要生产要素，增加劳动参与分配的份额，减少与资本、技术、管理在分配上的巨大差距。重视劳动者人力资本的提升，从国家现代化发展的战略高度，着眼于全面提高劳动者的素质，实施系统化的人力资源建设工作，提高产业工人的技能水平，增加产业工人的职业知识和技术含量。打破技能型人才晋升的天花板，提高技能等级所对应的收入标准，使劳动者能够凭借技术技能获得更高收入。

第八章

典型案例：PT 公司的产业转型和技能人才建设

PT 公司成立于 2013 年，是国有资本独资企业，隶属一家省属的煤炭集团公司。其年产 20 万吨乙二醇项目于 2014 年 9 月 20 日开工建设，2016 年 9 月竣工，2017 年 4 月 30 日一期工程装置全流程打通，产出合格的乙二醇产品。截至 2018 年 4 月份，PT 公司乙二醇装置双系列运行，生产负荷逐步提升到 65% 以上，生产处于较稳定状态。

该企业前身为一家传统煤化工企业，为了适应国家化工产业转型的战略需要和市场的变化，原企业注销，整体转置为现企业，其主导产品也转换为煤制乙二醇。从工艺角度来看，这是一次由传统煤化工向现代煤化工的转型。两种产品的生产技术、工艺和设备装置完全不同，可以说是全新技术、全新工艺和全新设备，在一块空地上从零开始建设了一座全新的工厂。

在政策支持、投资到位和设备过关的情况下，从零开始建设一座新厂或许并不困难。真正的难点在于，如何为新厂配备一支高素质的产业工人队伍，使其可以迅速掌握新技术和新工艺，熟练操作新装备，从而实现生产的稳定、保障产品的质量。因此，在产品和技术转型的背景下，产业工人的技能形成，使原有的技术工人学习与适应新技术和新工艺，成为产业工人队伍建设的核心议题。

一、产品与技术转型

（一）产品与技术

乙二醇，又名甘醇，是一种非常重要的大宗基础有机原料，主要用于生产聚酯（纤维、塑料和薄膜等）和防冻剂等产品，还可用于生产表面活性剂、润滑剂、聚氨酯、增塑剂等精细化工产品。其中，聚酯是我国乙二醇的主要消费领域，占总消费量的 90% 以上。另外，防冻液的消费量占 3% 左右。聚酯的下游行业主要是涤纶纤维和包装用 PET 材料，防冻液主要应用于汽车等大众消费品。这些下游产品的市场需求巨大且发展迅速，使乙二醇成为世界上消费量最大的化工产品之一。

乙二醇的生产主要有石油和煤两条路线。以石油为原料的生产技术比较成熟，是全球乙二醇生产的主要技术路线。我国是煤制乙二醇的技术研发和工业生产的主要国家。

煤制乙二醇的生产技术最早由美国和日本研发。早在 20 世纪 70 年代，美国和日本就开发了相应的生产工艺，但由于石油路线的优势，并未获得大规模的工业应用。我国的科研机构经过 30 多年的研究，开发出了拥有自主知识产权的煤制乙二醇工艺和关键设备，实现了工业化应用，技术已经达到世界领先水平，并且不断地改善与成熟。

煤化工技术主要包括两个环节：煤炭转化和后续加工。在煤炭转化环节，PT 公司采用了晋华炉设备和技术。晋华炉由阳煤集团与清华大学等联合研发，具有适用煤种宽、运行可靠的特点，且具有完全自主知识产权。晋华炉能够完全适用 A 省高灰熔点煤种，破解了“三高”（高灰、高硫、高灰熔点）煤气化的世界性难题，对改造传统煤化工产业和发展煤制乙二醇等新型煤化工产业具有重要意义。这项技术打破了国外技术垄断，总体技术处于国际领先水平，多次获得国内外大奖，如 2017 年全国发明展览会发明创业奖金奖、2018 年中国煤炭工业协会科技进步奖特等奖、2019 年日内瓦国际发明展金奖和 2021 年首尔国际发明展览会金奖等。

在合成气制乙二醇的工艺上，PT 公司采用华东理工大学和上海景浦化工提供的专利技术，是该工艺的第三套装置①。景浦化工的生产工艺组织合理、技术先进可靠、设计能耗水平低。整套装置采用高智能化集中控制技术，能够实现远程在线监控和故障智能分析。

（二）产品与技术转型的背景

1. 煤化工产业转型升级的需要

作为世界上最大的煤化工生产国，我国的煤化工产品不仅种类多，而且生产规模大。其中，煤制合成氨、煤制甲醇、电石和焦炭四种煤化工产品的产量长期居世界第一位。但是这些产品基本属于传统煤化工产业的范畴，由于长时期的盲目投资和重复建设，我国的传统煤化工产业面临越来越严重的产能过剩问题。产能过剩不仅造成了严重的资源浪费，而且不利于企业与行业的健康发展。

与传统煤化工产业相比，新型煤化工产业具有低排放、低污染和高效益的特点，符合产业发展中的环境保护要求。由于采用了洁净煤技术，煤制乙

---

① 资料来源：生产商网站，http://sxymhj.com/index.php?p=index.

二醇的生产工艺不存在高污染问题。煤制乙二醇采用工业一氧化碳、一氧化氮、氢气、氧气和醇类为原料，在生产过程中不会产生二氧化硫和二氧化氮。新型煤化工产品的能耗要比传统煤化工降低 20% 以上，“三废”排放量减少一半以上。而煤制乙二醇的能耗和水耗都低于其他新型煤化工项目，二氧化碳排放量远低于其他新型煤化工项目（是其他煤化工项目的 4% 到 10%）。①

为了解决传统煤化工的产能过剩问题，促进煤化工产业转型升级，实现绿色发展与可持续性发展，新型煤化工成为政府鼓励和支持、企业踊跃投资的热门行业。2009 年，煤制乙二醇项目也被列入国家发改委产业结构调整的激励名单，成为明确鼓励建设的项目，在相当大程度上激励了一大批煤制乙二醇项目的上马。②而 PT 公司所在的 A 省也出台了一系列相关政策，将新型煤化工作为未来的支柱性产业，将煤制乙二醇的发展作为煤化工产业转型和供给侧改革的主要方向。

2. 能源安全与替代问题

由于我国能源结构具有“富煤、贫油、少气”的特点，利用丰富的煤炭资源生产大宗化工基础原料乙二醇，能够优化国内乙二醇产品的供给结构，对于能源利用的合理配置、减少国家对石油资源的依赖具有深远的意义。

传统的乙二醇生产将石油和天然气作为主要原料。而随着我国对石油和天然气的进口依赖度越来越高，石油安全成为影响国家能源安全的重要战略性事项。将煤炭作为石油的替代资源，发挥我国的“富煤”优势，大力发展

① 黄格省，等 . 我国现代煤化工产业发展现状及对石油化工产业的影响［J］. 化工进展，2011，34（2）: 295–302.

② 2019 年最新的《产业结构调整指导目录》将 20 万吨 / 年及以上合成气制乙二醇的鼓励类项目更改为限制类项目。

煤化工产业，逐渐成为破解能源困境的共识。以 2011 年的数据来看，全世界用石油制乙烯路线生产的乙二醇年产量为 2000 万吨，若都以煤为原料进行生产，节省下来的石油相当于新开发一个年产 5000 万吨原油的油田。①

我国的能源结构和资源禀赋决定了发展新型煤化工的必要性，基于国家能源安全的考虑，煤炭深加工与综合利用对我国未来的能源战略具有重要意义。与此同时，煤制乙二醇的相关技术、生产流程、生产经验和相关设备也在建设运行过程中不断积累经验。煤制乙二醇产品无论是生产成本还是产品质量，都在逐渐接近石油制乙二醇的水平，这使得煤制乙二醇等新型煤化工产业具有更大的发展潜力和优势。

3. 市场的需求

在 PT 公司上马煤制乙二醇项目之前，我国乙二醇市场面临国内产能不足、缺口大、市场需求量大、进口依赖度高的特点。这是我国煤制乙二醇产业发展的有利条件。

作为全球最大的乙二醇消费市场，随着下游产业尤其是聚酯工业的发展需求不断增大，我国对乙二醇的需求量逐年递增。但世界范围内乙二醇的主要产地集中在中东和北美地区，这使得我国的乙二醇严重依赖进口。有数据显示，从 2002 年到 2019 年，我国乙二醇的进口依赖度基本在 65% 到 75% 之间。②

与国内石油路线生产的乙二醇相比，我国的煤制乙二醇产品具有诸多优势。虽然石油法乙二醇工艺成熟，但是产量低、耗水量大、副产物多，受国际石油价格波动影响，成本比进口高，无法解决对石油资源的依赖问题。

① 安学琴 . 煤制乙二醇生产技术现状及产业化进展［J］. 山西化工，2011, 31（4）: 24–26.

② 王韧 . 油价波动背景下煤制乙二醇产品竞争力分析［J］. 化学工业，2015, 33（4）: 32–41.

随着煤制乙二醇工艺的大规模工业化应用，煤制乙二醇的产能逐年递增，占国内乙二醇市场的份额也越来越高。据不完全统计，2014 年 PT 公司乙二醇项目动工时，国内煤制乙二醇的生产企业只有 6 家，产能不足 100 万吨 / 年。2016 年，我国国内乙二醇的表观消费量为 1328 万吨，其中国内生产 451 万吨，进口 877 万吨，对外依存度 65.9%。截止到 2016 年底，建成煤制乙二醇产能为 372 万吨，产量约 110 万吨。这些产能较难满足国内市场需要，近期内乙二醇仍维持大量进口的状况。

而在 PT 公司投产的 2018 年，国内煤制乙二醇的生产企业超过 20 家，产能达到 400 万吨左右[①]。从 2013 年至 2018 年，国内煤制乙二醇市场占比从 19% 逐年增长至 40%[②]。2019 年国内煤制乙二醇的市场占比达到 42%[③]。煤制乙二醇的产能产量不断提升，提高了国内乙二醇的自给率，减少了对外依存度。但是，产能的快速增长对 PT 公司的营收造成一定影响。

与石油路线相比，煤制乙二醇的利润受更多因素影响，如国际原油价格、煤炭价格、进口乙二醇规模、下游产业市场需求和聚酯产品价格、生产工艺与生产成本、交通运输成本等，且波动较大。而生产成本受原料价格（原料煤和能源煤价、水价、电价等）、工艺技术和交通运输条件影响。据估算，PT 公司煤制乙二醇的完全成本与石油 40 美元 / 桶时的国内石油路线乙二醇成本相当。PT 公司的生产成本价平均为 5300 元 / 吨左右，比内蒙古和新疆地区的成本高 600—1000 元 / 吨。但 PT 公司的产品运费水平比内蒙古和新疆地区

---

① 徐振刚 . 中国现代煤化工近 25 年发展回顾 · 反思 · 展望［J］. 煤炭科学技术，2020, 48（8）: 1–25.

② 张晓珍 . 未来国内煤制乙二醇或将面临较大挑战［R］. 2019（第三届）煤制乙二醇技术创新探讨暨全国煤化工 VOCs 治理技术交流会，2019.

③ 赵晓博 . 煤制乙二醇行业现状［J］. 化学工程与装备，2020（6）: 229–230.

低，约 100—500 元 / 吨。综合生产成本与运输成本，PT 公司的竞争成本在 5500 元 / 吨左右[①]。据 2014 年数据，国内传统的石油路线乙二醇生产成本在 6300 元 / 吨左右。与国内石油路线乙二醇相比，煤制乙二醇成本即使在国际油价为 40 美元 / 桶时，依然具有优势，因此如果煤制乙二醇能够生产出合格的聚酯产品，那么它的生产成本与国内石油路线相比具有很大优势[②]。与国际市场的乙二醇相比，当国际油价达到 65 美元 / 桶时，我国煤制乙二醇具备竞争力；但如果油价保持 50—60 美元 / 桶时，我国煤制乙二醇就难以跟石油路线竞争，更难以与中东和美国以乙烷为原料的装置竞争了[③]。

（三）转型过程中的问题

1. 技术和产品问题

我国煤制乙二醇技术虽然已经进行了大规模的工业化应用，但与石油路线相比发展时间短，技术的成熟度不够高。相关装置产品可以满足国家标准（GB/T 4649-2018，《工业用乙二醇》）相关指标要求，但因项目生产过程中煤质变化、工艺中催化剂的不稳定，易导致每批次产品质量不稳定。[④]这使得多数煤制乙二醇产品未达到聚酯级别，含有微量杂质，影响涤丝的韧性或瓶片的透明度。另外，设备的开工率低，不能满足聚酯行业的稳定供应。这些产品问题使得国内聚酯行业对煤制乙二醇比较排斥，难以被接受。随着工艺的改进，部分聚酯厂家开始掺混使用煤制乙二醇产品，对煤制乙二醇产品接受

---

① 王宇博 . 煤制乙二醇竞争力分析［J］. 化学工业，2014, 32（5）: 13-17.

② 李学强，郑化安，张生军，等 . 国内煤制乙二醇现状及发展建议［J］. 洁净煤技术，2014, 20（6）: 92-96.

③ 王韧 . 油价波动背景下煤制乙二醇产品竞争力分析［J］. 化学工业，2015, 33（4）: 32-41.

④ 郭邑 . 煤制乙二醇技术现状及存在的主要问题［J］. 化工管理，2014（14）: 99-99.

度缓慢提升。[①]

乙二醇的下游产业链条相对较短，下游消费领域比较单一。如乙二醇的消费 90% 集中在聚酯行业。随着全球市场竞争的加剧，纺织行业的工厂向东南亚地区转移，导致国内市场变化，一旦下游市场发展遇到困难，市场压力就会向上游传递，从而对乙二醇工业造成冲击。2016 年以来，聚酯产业供需结构从供不应求逐步转向产能过剩、基本亏损的局面，对上游乙二醇产业的影响巨大。[②]

2. 重复建设与市场竞争问题

国内发展乙二醇的积极性很高，导致地方政府和部分企业盲目投资和重复建设，从而造成又一轮产能过剩，造成大量的资源浪费。2019 年我国煤制乙二醇产能达到 490 万吨 / 年左右。但在接下来三年计划投产的在建项目有 15 个，预计增加产能 624 万吨 / 年。与此同时，我国乙二醇的消费量增长有限，乙二醇的供应将出现过剩的状况[③]。

我国的乙二醇市场是完全竞争的市场，虽然国内供不应求，但是全球范围内乙二醇产能是过剩的。作为乙二醇的主要产地，中东和北美地区的乙二醇生产主要出口我国。在国际油价迅速下跌的情况下，中东地区乙二醇的价格极为低廉，国内煤制乙二醇没有任何竞争力。这也造成国内的一些煤制乙二醇项目处于停工状态。[④]

---

① 王一旭，时鹏 . 国内煤制乙二醇行业发展现状及展望［J］. 化工管理，2019, 31（4）: 14–15..

② 李飞飞 . 煤制乙二醇生产技术现状及发展［J］. 山西化工，2019, 39（5）: 23–24, 27.

③ 郑宁来 . 亚洲乙二醇供应将过剩［J］. 聚酯工业，2019（5）: 9–9.

④ 李清，蒋美芬 . 煤制乙二醇生产工艺技术进展及技术经济分析［J］. 上海化工，2016, 41（3）: 23–31.

（四）小结

PT 公司的煤制乙二醇项目建设时间较早，应用国内自主知识产权的技术和设备。虽然技术和设备处于世界先进水平，但是工业化应用经验不足，在技术成熟度上还存在一些问题。PT 公司的煤制乙二醇项目承担了 A 省产业转型升级和高质量发展的战略任务，是探索绿色、可持续发展模式的一次试验，是减少我国石油对外依赖度、构建更加安全的化工体系的必要选择。在项目上马之初，该项目进行了严谨的论证，包括市场环境、国内外竞争、价格估算和生产条件等，从而增强了产品和技术转型的可行性。

技术、产品和市场状况是 PT 公司产业工人队伍转型和建设的背景和前提条件，从不同角度对产业工人队伍的转型和建设造成影响。如技术和产品转型了，产业工人能否迅速适应？是否建立有助于产业工人转型的有效机制？市场状况影响企业效益，也会间接影响产业工人转型的过程，影响产业工人队伍的稳定程度和总体待遇水平，进而影响其技能的形成过程。

换句话说，PT 公司能否转型成功、能否取得经营上的成绩，除了政策、技术和市场因素外，还取决于 PT 公司是否有一支技术过硬、忠诚度高、甘于奉献和适应性强的产业工人队伍。如果产业工人队伍的素质高、学习能力强、适应性好，那么他们与新设备的磨合就会更快，新产品达产的速度就会更快，生产工艺和流程的优化速度就会更快，新产品的产量和质量都将得到切实的保障。

二、产业工人的技能形成

（一）产业工人队伍概况

PT 公司 2016 年职工（正式工）总人数为 744 人，2017 年为 706 人，2018 年为 704 人，2019 年为 576 人，2020 年为 577 人。总的来说，近几年 PT 公司职工人数呈下降趋势，主要原因是退休、离职等自然流失，以及政策因素导致的招聘困难。在 2017 年项目进入试生产阶段和正式生产阶段后，PT 公司增加了一定规模的劳务承包和派遣人员。

以 2018 年的数据，PT 公司职工的平均年龄为 38 岁，其中 35 岁及以下 457 人，36—40 岁 229 人，41—45 岁 170 人，46—50 岁 136 人，51 岁及以上 59 人。从年龄结构来看，PT 公司的职工队伍存在一定的年龄老化问题，职工队伍尤其是一线工人的主体是 30 岁以上的老职工。

在其他指标上，2018 年 PT 公司城镇户籍职工有 754 人，农村户籍职工有 287 人；本地职工 984 人，外地职工 67 人；男职工 726 人，女职工 325 人；技术人员 158 人，技术工人 632 人。另外，在 704 名正式工以外，PT 公司还有 61 名劳务派遣工和 286 名外包工。

从收入水平来看，2016 年 PT 公司人均工资水平 36341 元，2017 年为 42679 元，年人均增加了 6338 元。具体来说，2016 年管理技术人员（副科级以上人员）年人均工资水平 80953 元，2017 年为 106267 元，相比增加了 25314 元。2016 年一般管理技术人员人均工资水平 67196 元，2017 年为 76160 元，相比增加了 8964 元。2016 年操作人员年人均工资水平为 44598

元，2017年为47614元，比上年增加了3016元。与之相比，2016年A省的非私营单位就业人员年均工资为53705元，2017年为60061元，比上年增加6356元；2016年PT公司所在地级市的非私营单位就业人员年平均工资为47602元，2017年为55246元。可见，管理技术人员的收入水平较高，且高于本地的平均水平；而操作人员的收入水平较低，2016年比当地平均水平略高，2017年比当地平均水平低。

（二）技能等级体系

在产业工人队伍建设的框架中，技能形成或技术工人的技能等级是核心问题。作为国有企业的全资子公司，PT公司在工种设置、技能岗位的设置和聘任等方面依赖于集团公司的规章制度。

2014年集团公司发布了《高技能岗位设置和聘任管理办法》。该办法所指的高技能岗位特别指“需要熟练掌握专门知识和技术、具备精湛的操作技能、能够解决关键技术和工艺的操作性难题方能担负的工作岗位”，属于技术工人中的引领者和骨干力量。高技能岗位分为常规性聘任岗位和竞争性聘任岗位两种，前者包括高级工、技师和高级技师，后者包括公司级首席技师和集团公司级首席技师两个等级。两级首席技师的设置是在国家统一技能等级基础上为更高技能人才设置的特别岗位。它延长了技术工人在技能路线上升职晋级的链条，健全和完善了企业高技能人才的设置，使得高技能人才的专业发展通道更加通畅。

按照集团公司的规定，可以设置首席技师岗位的工种范围是拥有一定数量从业人员，与企业安全生产密切相关，能够反映行业特点和技术水平，且被《国家职业分类大典》收录在内，设有高级技师技能等级的主要工种和关键岗位。在化工行业中，只有甲醇合成工和聚氯乙烯生产工两个入选。而从PT公司的工种设置来看，最核心的工种有化工总控工、锅炉操作工、水处理工、水煤气工、气体净化工、乙二醇合成巡检工、乙二醇精馏巡检工等工种。上述工种都要求具备初级以上技术职称及中级以上技能等级，这些工种在申请高技能岗位时还存在工种认可的问题。因此，化工行业的高技能工种范围还需根据实际情况适时适当地加以调整和完善。

在PT公司首席技师的聘任条件方面，有三个方面尤其重要，分别是：1. 技术发明和技术革新成果显著，并取得较大经济效益。在企业技术改造、运用新设备新技术新工艺中，掌握关键技术，能够排除解决关键技术障碍和技术难题。2. 操作技能出类拔萃，近3年在各级各类职工技能大赛中成绩优异，曾获二级公司及以上级别技术能手荣誉称号。3. 发扬团队精神，传绝技、带高徒。所带徒弟多人成为企业技术骨干，在各类技能竞赛中取得优异成绩。更高级别的集团公司首席技师的评选条件也主要在这三个方面，只是在发明创新和竞赛成绩两个方面要求更高，具体来说：1. 技术发明和技术革新需要取得重大经济效益，能够排除解决重大技术障碍和安全隐患，解决关键技术难题，对提升劳动生产率和工程、产品质量有突出贡献。2. 近3年在各级各类职工技能大赛中成绩优异，曾获得集团公司及以上级别技术能手荣誉称号。

受聘高技能岗位的技术工人，在聘期内（1—2年）可享受一定的待遇。如高级工、技师和高级技师可以获得技能津贴，分别是每月100元、300元和500元。两级首席技师在聘期内参照副科级或正科级管理人员标准享受年薪，还可以享受每年20天的带薪休假，每年一次的身体健康检查和学习培训、出外考察及技能交流活动的优先权。对于受聘集团公司首席技师的技术工人，可以获得一次性奖励2万元。二级公司首席技师的一次性奖励标准由其自行确定。

另外，PT公司所在的集团公司详细规定了各级技能等级的申报资格。其中，中级工的申报条件包括：1. 取得初级工资格后，在本工种连续工作3年以上；2. 在本工种连续工作7年以上；3. 取得与申报鉴定工种相同或相近的中专、中技、职高学历。高级工的申报资格为：1. 取得中级工资格后，在本工种连续工作4年以上；2. 取得与申报鉴定工种相同或相近专业高技、高职、大专及以上学历；3. 近5年获得集团公司或市级一类技能竞赛4—6名，且竞赛工种与申报鉴定工种相同或相近的选手可破格申报高级工鉴定。技师的申报资格为：取得高级工职业资格后，在本工种连续工作5年以上。或者因为具备下述两个条件之一可破格申报：1. 近5年获得本工种国家一类技能竞赛前10名、二类技能竞赛前6名，A省二类技能竞赛2—3名，市级一类技能竞赛2—3名，近两年获得本工种集团公司技能竞赛2—3名；2. 近5年获得本工种省级技术革新、技术发明或省部级科技进步三等奖及以上成果并具有相关证书。高级技师的申报条件是：同时符合以下三个条件：1. 取得本工种技师职业资格后，在本工种连续工作3年以上；2. 具有较高的专业理论和高超精湛的技艺及综合操作技能，具有传授技艺和培训、指导高级工以上人员岗位技能操作的能力；3. 在技术改造、技术攻关、工艺改进以及解决本工种高难度生产技术问题和先进技术应用等方面成绩显著，贡献突出。或者具备下列两个条件之一，可破格申报高级技师资格：1. 近5年获得本工种国家一类技能竞赛前6名、二类技能竞赛前3名或者A省一类技能竞赛前3名、二类技能竞赛第1名；2. 近5年获得本工种省级技术革新、技术发明或省部级科技进步二等奖及以上成果并具有相关证书。

从上述技能等级的申报资格来看，高等级技能的申报主要有两条路径：

1. 本工种的工作年限累积，毫无基础的新手若想晋级到高级技师，在不耽误时间的情况下需要至少 16 年时间；2. 如果不是熬资历，可以通过参加技能竞赛并获得优异成绩，以及取得创新发明和科技进步奖项，来完成破格晋级。集团公司规定，高级工、技师和高级技师的岗位一般不超过本工种定员人数的 40%，其中高级技师不得超过本单位本工种定员人数的 3%，技师不得超过 10%。由于近些年参加技能竞赛并获得优异成绩的人数越来越多，高技能岗位总人数的限定减小了技术工人通过常规渠道晋级的概率。

从 PT 公司 2017 年的申报结果来看，技能等级的申报并不是 100% 通过，而是存在一定的晋级比例。2017 年进入试生产阶段后，PT 公司第一次申报技能等级，共申报了分析工、化工总控工、维修电工、锅炉维修工、水处理工、水煤气工、仓库保管工、衡器操作工、气体净化工、输煤值班员 10 个工种，还有 13 个工种没有参加 2017 年的鉴定申报。2017 年总的申报人数为 257 人，其中初级工 19 人、中级工 134 人、高级工 79 人、技师 25 人；参加鉴定人数 243 人，其中初级工 17 人、中级工 127 人、高级工 75 人、技师 24 人；合格人数 177 人，其中初级工 12 人、中级工 113 人、高级工 42 人、技师 10 人。

在参加鉴定之前，集团公司开通了在线练习系统，高级工及以下等级的鉴定前培训时间不少于 56 学时，技师和高级技师的培训时间一般不少于 100 学时。这种鉴定前的培训由 PT 公司、相应的技工学校和集团公司分别主办。参加职业技能鉴定的技术工人需要缴纳一定的费用。高级工的鉴定费用在 150—400 元，技师的鉴定费在 330—530 元，而高级技师的鉴定费在 400—600 元。为了鼓励和调动技术工人参加技能鉴定，集团公司对申报技能鉴定的工人给予一定的补贴，不过同一系列或工种的同一级别的技能鉴定无论是否通过，只能享受一次补贴。集团公司对此的补贴标准是 50% 由个人承担、50% 由公司承担。

另外，集团公司还通过失业保险金支持企业参保职工的技能提升，并规定：取得初级技能等级的一次性补贴 1000 元，取得中级技能等级的一次性补贴 1500 元，取得高级技能等级的一次性补贴 2000 元。这些举措提高了技术工人的待遇，有利于激励技术工人钻研技能、争取获得更高的技能等级。

（三）技能的形成

为了促进产业工人尽快掌握和适应新设备、新技术和新工艺，PT 公司采取了一系列行之有效的促进措施。

PT 公司通过组织各工种的技术骨干，编写了涉及 12 个工段的《岗位“手指口述”确认法》。“手指口述”确认法是一种源自日本的安全确认方法，通过脑、眼、口和手的集中联动而强制注意，多用于危险性较大的行业和工种，如矿山、地铁运营、高铁运营等。它的意义在于强化“安全确认”，使工作过程中少出错误、少出纰漏、少出事故，确保安全生产。“手指口述”确认法简单易学、实用操作性强，有利于职工迅速掌握新技术。具体来说，“手指口述”确认法是将各工种的操作动作、执行规范、注意事项等一边操作一边口述。这些操作和口述内容可以编辑成册或者成套卡片，甚至拍摄成视频，便于职工熟练掌握。

PT 公司原有产品属于传统的煤化工，与乙二醇的设备、技术和工艺有很大的不同。乙二醇的生产装置具有高度数字化、自动化、集成化的特点。整套生产流程运行中，不同节点的数据、视频、故障报警等信息实时显示在中央控制中心。工人的很多工作由机器的操作转换为设备的巡检和故障修复，这对技术工人的要求变得更高。技术工人需要具备一定的理论知识，了解设备运行的原理，能够发现并确认故障原因、及时解除故障。这对职工队伍主体是原有技术工人的 PT 公司来说是一个巨大的挑战。

为了使原有职工尽快适应，尤其在公司项目建设和试生产阶段，PT 公司在原有职工新技能培训上的力度很大。在“养成行为规范、促进管理升级”活动中，组织 37 名班组长以上管理人员，赴东部地区一家化工企业对标学习。在学习过程中，以座谈会的形式，分系统、分业务和分岗位地深入交流，并与公司的状况进行对标，推行加强现场器具的定制化管理，现场卫生清洁定时化、设备操作程序化，通过学习找出差距、找到标准，实现生产现场的规范化、标准化和程序化。对于普通的技术工人，公司先后组织三批共 300 余人的技能系统训练，包括两个方面，即理论知识学习和实地实习训练。理论知识主要是煤化工尤其是与乙二醇有关的化工知识，对于技术工人掌握新技能具有良好的效果。实地实习训练选择在已经动工生产乙二醇的企业进行。在这段时间，工人需要熟悉机器设备的使用，学习自己岗位的工艺流程和岗位操作要求，还有安全保护和环保方面的内容。理论知识学习的成果经由一次理论课考试检验，通过率为 98% 左右。实地实习训练的成果通过“手指口述”的方法进行，即工人在操作一个机器时，需要用手指着设备，讲出设备的操作方法、操控指标、操作规范、注意事项等。通过“手指口述”的方法，确保工人在理论课成绩过关的前提下真正掌握和理解所学的新设备、新技术和新工艺。具体来说，第一批有 70 多人，理论知识的学习地点是集团公司的技能培训中心，时间为半年；实地实习训练的地点是山东的一家企业，时间也是半年。第二批共有 190 多人，理论知识的学习地点也是集团公司的培训中心，时间改为 3 个月，之后进行了为期 5 个月的实地实习训练。第三批有

30 多人，理论知识学习时间为 3 个月，实地实习训练时间为 2 个月。

这次大规模的系统培训取得了良好的效果，加深了职工对相应岗位操作规程和工艺流程的理解。尤其是在实地实习的过程中，PT 公司认识到自己的工艺和技术与实习单位的异同，如在锅炉、水处理、气化和净化等方面工艺上的异同，在项目建设时间就提前积累了一定的理论知识和实践经验。在这些知识和经验的基础上，结合自家设备的工艺要求和操作要求，PT 公司组织学习和实践成绩很好的职工，制定了公司的第一套系统规范的岗位操作规则、工艺规程和安全规程。然后，PT 公司又组织职工分岗、定岗，进行岗前培训，通过“手指口述”的方式进行考核，过关的就能上岗，不过关的继续培训，直到符合条件为止。

PT 公司于 2016 年 10 月第一次试车，仅用 51 天时间就打通了整个流程，生产出合格的乙二醇产品。这个速度在全行业中属于最快的，比其他企业快 1—3 个月。这一速度体现了职工对于设备和流程相对熟悉，也说明了前期的培训取得了很好的效果。

PT 公司的职工平均年龄为 38 岁，对于这样的老工人来说，学习一种新的技能、熟悉一种新的机器设备，是一件很困难的事情。不过，老工人也有自身的优势。如基础性的理论知识和通用性的安全操作规范，老工人是非常熟悉的。他们已经从事化工行业 10 年以上的时间，对于安全生产的理解、对于化工的理解和对于工业的理解以及对于危险事故的应急处理等方面都有非常成熟的经验和非常牢固的安全意识。与老工人相比，新职工在安全意识和危险应急处理等方面的经验还很不足，需要通过很长时间的培训才能建立。除此之外，老工人一般都有家庭和孩子，在当地买房扎根，生活稳定，工作的稳定性也建立起来。

PT 公司积极开展技能竞赛和技术比武活动，逐步提高技术工人的技能水平和专业素质。2017 年 11 月，PT 公司参加集团公司的技能比武大赛，一名工人获得了维修电工第一名，另有两名分别获得维修电工项目的第三名和第七名。

PT 公司开展了高技能人才转型培训、拓宽培养渠道。2017 年公司共有 99 人参加了集团公司组织的高技能人才培训班。经过专项培训，参加学员的理论知识和技能水平都得到了显著提升，培训取得了预期的效果。另外，高技能人才享受集团公司和 PT 公司规定的一切待遇，其工资待遇水平高于普通的职工。PT 公司在鼓励产业工人技能创新方面，准备推进技能大师工作室，以进一步推动企业的技术创新工作，从而进一步激发高技能人才的创新活力。

PT 公司将新入厂的工人和实习人员与技术骨干结成一帮一的对子，目前结成 30 余对，开展“师带徒”活动。

PT 公司利用集团公司开设的高技能人才网的信息辐射作用扩大了工作影响力。一是充分利用网站平台进行职业技能鉴定信息的发布，鉴定申报和鉴定前培训；二是实时更新网站内容，将国家职业资格改革的相关政策和集团公司高技能人才队伍建设方面的工作动态及时通过网络进行发布；三是通过网站开辟的技术交流论坛，使更多优秀技能人才实现了绝招绝技的互动交流，同时使诸多生产过程中的疑难问题得以解决。

在 PT 公司，操作工人可以申请初级工的资格，进而有机会进入技能工人的鉴定序列；管理技术人员可以由初级职称晋升到高级职称，管理技术人员短缺时，操作工人符合条件的可以参加竞聘。技术工人和技术人员以及管理人员的序列界限可以跨越。

三、问题与对策

（一）存在的问题

在产业工人队伍建设尤其是产业工人的技能形成问题上，PT 公司主要存在以下几个问题。

一是技术工人的收入水平较低，高技能工人的工资水平对其劳动价值的体现不充分。PT 公司的职工也在访谈中多次表示，技术工人的工资水平在本地属于“倒数的水平”。从数据来看，PT 公司的人均年工资水平低于当地的平均水平，且从 2016 年到 2017 年的发展来看，差距越来越大。即便是高技能等级的工人，其工资水平也不高。

二是技术工人对新设备、新技术和新工艺的掌握程度有待提高。由于 A 省煤炭国企的政策限制，PT 公司在招聘新人方面存在很大的困难。为了促进生产，公司需要聘用大量派遣工，或者将某些生产环节外包出去。其中，大部分苦、脏、累的活（如除煤、除尘等）由劳务派遣工来做，而有一部分比较专业化的、技术性强的工作（如机电维修、仪表等）通常外包给专业团队。这主要是因为，在整套装置的调试环节和试生产阶段，PT 公司原有的技能人员对新设备和新工艺的了解不够充分，新培训的职工的技能水平还无法胜任全新的工作。这说明，学习和适应新技术、新技能和新设备对于原有职工来说是一个巨大的挑战，也在一定程度上影响本公司技能人才的培养和锻炼，从而影响公司技能水平、技术水平的提升，进而影响公司的长远发展。

三是高技能人才的工种设置和技能鉴定滞后于现代煤化工的发展。由于

PT 公司属于新创建的工厂，设备、技术和工艺都是新的，在工种设置方面与传统煤化工企业也有所不同。这使得在高技能岗位的设置上 PT 公司核心的几个工种（如乙二醇合成巡检工、乙二醇精馏巡检工等）缺乏高技能岗位的设置许可。在 23 个工种中，有七八个工种不在集团公司的目录中，因而无法参与技能鉴定，受影响的技术工人达到 200 多人。还有一些工种（如仪表工）可以参加初级工鉴定，但是中级以上的技能鉴定被取消了。在一定程度上，无法参加技能鉴定成为制约 PT 公司技能人才梯队建设和提升整体技能水平的发展瓶颈。

四是产业工人队伍存在一些结构性问题。PT 公司的定岗数量为 494 人，而按照新装置的工艺设计，需要 750—800 人才能合理运转。在企业转置的过程中，一些技术好的工人流失情况比较严重。PT 公司的现有职工数已经超过定岗数量，按照政策要求，近年内不可能再大量引入新职工。但是现有职工队伍的技术水平和技能结构又不能完全匹配整个工艺，这使得 PT 公司无法摆脱对外部技能分包的依赖。另外，PT 公司共有 23 个工种，有的工种如锅炉工、水处理工等，相对而言与以前的工艺流程相差不大。但也存在大量的新工种，如通风、气化、生产合成气、净化、合成转化等工种都是新工艺需要的新工种。

五是人才引进困难。PT 公司处于一个县级城市，在地理位置上没有优势。在引进人才的待遇方面又受到集团公司的制约，与私营企业和东部地区的一些企业相比存在较大差距。因此，PT 公司在引进人才方面存在一定的困难。在企业工程建设阶段，PT 公司通过市场化的机制向社会公开招聘，引进了 20 多个人，包括通风、锅炉等专业。但在一两年内，这些人才大部分流失了。招不来、留不住，成为影响产业工人队伍建设的重要因素。

（二）对策与建议

针对上述问题，为改进技能人才的培养，推动 PT 公司的产业工人队伍建设，我们提出以下对策和建议。

一是切实提高技术工人的待遇水平。在提升基线工资水平的基础上，着力适当增加不同技能等级岗位的工资差距。通过更多经济手段，激励工人学习技能、锻炼技能的热情和信心。与此同时，适当放宽高技能岗位的比例，使更多产业工人获得更高技能等级，同时获得聘任，以此增强其成就感与获得感。

二是采取更大的激励措施，使本企业技术工人掌握核心的技术性岗位，培养本公司的技能人才，使其更好地熟悉和运作整套设备，尽快摆脱技术外包的窘境。

三是推动集团公司扩大工种鉴定的范围，将新工种纳入体制范围内，制定相应的工种规范和等级要求，为这些工种的技术工人习得更高技术铺好道路。

四是着力解决产业工人队伍中的结构性问题，加大力度，改造原有职工的技能结构，激励其学习新技术、适应新岗位。

五是在制度允许的范围内进行适度的调整和改善，提高对高技能人才的吸引力度。如加大力度，继续以制度外的用人方式聘请高技能人才担任技术把关人。

企业的效益和经营情况与产品的质量密切相关。在全国大部分工艺装置生产的煤制乙二醇达不到聚酯的要求的时候，新疆一家企业的装置可以达标，这为其提高市场竞争力、占领市场打下了良好的基础。而产品的质量，除了工艺水平和成熟度、原料的差异等因素外，还有一个很重要的因素是产业工人队伍的素质，尤其是整体的技能水平和甘于奉献的劳动热情。提高产业工人的待遇水平，为其技能形成和技能提升创造良好条件，对于打造一支高素质的产业工人队伍和促进企业发展都具有重要的意义。

参考文献

1. Acemoglu and Pischke. Why Do Firms Train, Theory and Evidence［J］. Auarterly Journal of Economics,1998(1):79-119.

2. Booth and Snower. Acquiring Skills: Market Failures, Their Symptoms and Policy Responses［M］. London: Centre for Economic Policy Research, 1996.

3. Iversen T, Soskice D. An asset theory of social policy preferences［J］. American Political Science Review,2001(4):875-894.

4. Iversen T. Capitalism, democracy, and welfare［M］. Cambridge University Press, 2005.

5. Kathleen Thelen, How Institutions Evolve: The Political Economy of Skills in Germany, Britain, the United States, and Japan［M］. Cambridge University Press,2004.

6. 白滨，谢丽蓉，李可敬. 技能大师工作室有效教学的关键要素研究［J］. 职教论坛，2019（9）: 47-56.

7. 曾颢，赵曙明. 企业师徒制中介机制理论视角的述评与未来展望［J］. 经济与管理研究，2017（12）: 130-140.

8. 柴剑峰，陈井安. 技能大师工作室运行模式研究［J］. 科技管理研究，

2011（19）: 124-126+131.

9. 陈冬梅 . 高职院校现代学徒制人才培养模式研究［J］. 教育理论与实践, 2015（30）: 31-32.

10. 陈小娟 . 产业升级视域下高技能人才培养的现状、困境与对策［J］. 职业技术教育，2020（3）:36-40.

11. 迟恩宇 . 高职院校名师工作室功能定位探讨——以吉林省为例［J］. 职业技术教育, 2015（17）: 74-76.

12. 崔琦，何燕珍 . 企业师徒制一定充满正能量吗？——失调性指导关系研究述评与展望［J］. 外国经济与管理, 2019（8）: 73-85.

13. 杜启平，熊霞 . 高等职业教育实施现代学徒制的瓶颈与对策［J］. 高教探索, 2015（3）: 74-77.

14. 傅春晖，渠敬东 . 单位制与师徒制——总体体制下企业组织的微观治理机制［J］. 社会发展研究, 2015（2）: 1-21, 242.

15. 葛浩，杨方，冯必扬 . 国有企业员工职业地位获得中的组织制度因素分析［J］. 南京社会科学，2013（8）:69-75.

16. 关晶，石伟平 . 现代学徒制之"现代性"辨析［J］. 教育研究，2014（10）: 97-102.

17. 关晶 . 法国现代学徒制改革述评［J］. 全球教育展望, 2013（4）: 104-111.

18. 关晶 . 西方学徒制的历史演变及思考［J］. 华东师范大学学报（教育科学版），2010（1）: 81-90.

19. 关晶 . 英国和德国现代学徒制的比较研究——基于制度互补性的视角［J］. 华东师范大学学报（教育科学版），2017（1）: 39-46+118.

20. 郭伟和 . 身份政治：回归社区后的北京市下岗失业职工的生计策略［J］. 开放时代，2008（5）:88-107.

21. 韩永强 . 我国职业教育发展 : 现状、问题与方略［J］. 职业技术教育，2015（7）:17-22.

22. 韩永强，彭舒婷 . 技能大师养成的关键因素及其启示——基于 35 位国家级技能大师的样本数据［J］. 中国职业技术教育，2020（9）:42-47+59.

23. 何应林，陈丹 . 影响操作技能形成因素的研究［J］. 中国职业技术教育，2007（36）: 50-52.

24. 胡小平 . 基于技能工作室的技能教学模式创新［J］. 中国职业技术教育，2017（33）: 86-90.

25. 胡新建 . 高职院校试行现代学徒制的实践与探索——以宁波城市职业技术学院为例［J］. 中国高教研究，2016（7）: 102-105.

26. 胡秀锦 . 中职名师工作室培育模式探析——以上海中职“名师培育工作室”为例［J］. 职业技术教育，2021（2）: 37-41.

27. 黄蘋. 德国现代学徒制的制度分析及启示［J］. 湖南师范大学教育科学学报，2016（3）: 121-125.

28. 贾文胜，潘建峰，梁宁森 . 高职院校现代学徒制构建的制度瓶颈及实践探索［J］. 华东师范大学学报（教育科学版），2017（1）: 47-53，119.

29. 蒋丹兴，杜连森 . 产业工人技能形成体系的历史分析与建设对策［J］. 教育理论与实践，2018（30）: 23-25.

30. 蒋新革，刘国生，陈选民，等 . 高职现代制造专业群“三合一”教师工作室建设实践［J］. 职业技术教育，2010（35）: 13-15.

31. 金旭球 . 基于技能形成的“主题式”教学设计初探［J］. 中国电化教

育, 2016（11）: 100-105.

32. 黎菲，张胜荣 . 农民工职业技能形成过程探讨［J］. 贵州财经学院学报, 2011（3）: 101-105.

33. 李百浩，彭秀涛，黄立 . 中国现代新兴工业城市规划的历史研究——以苏联援助的 156 项重点工程为中心［J］. 城市规划学刊，2006（4）:84-92.

34. 李超超 . 我国劳模创新工作室发展历程、现实困境及路径选择［J］. 企业经济, 2019（8）: 39-44.

35. 李春玲 . 当代中国社会的声望分层——职业声望与社会经济地位指数测量［J］. 社会学研究，2005（2）:74-102+244.

36. 李俊 . 组织、协作关系与制度——从技能形成的不同维度透视职业教育发展［J］. 教育发展研究, 2018（11）: 41-47+ 60.

37. 李俊 . 职业培训与新生代农民工的职业发展［J］. 中国青年研究，2014（12）: 52-58.

38. 李珂，张善柱 . 高素质产业工人队伍建设发展的实践路径分析［J］. 中国劳动关系学院学报，2017（1）:1-7.

39. 李黎明，廖丽 . 教育成就变动、关系使用与职业地位获得［J］. 东北大学学报（社会科学版），2019（5）:532-538.

40. 李南，王晓蓉 . 企业师徒制隐性知识转移的影响因素研究［J］. 软科学, 2013（2）: 113-117.

41. 李强 . 中国离橄榄型社会还有多远——对于中产阶层发展的社会学分析［J］. 探索与争鸣，2016（8）:4-11+2.

42. 李小聪，李峰，赵敏，等 . 科技型企业师徒制隐性知识转移有效性影响因素研究——师傅—徒弟交换关系为调节变量的实证研究［J］. 科技管理研究，2014（21）: 122-126+131.

43. 李玉赋 . 新的使命和担当:《新时期产业工人队伍建设改革方案》解读［M］. 北京：中国工人出版社，2017.

44. 李玉静 . 技能形成 : 内涵与目标［J］. 职业技术教育，2019（7）: 1.

45. 李玉珠 . 德国技能形成体系 : 演化、利益冲突与制度构成［J］. 职教论坛，2016（4）: 80-86+91.

46. 李政 . 职业教育现代学徒制的价值审视——基于技术技能人才知识结构变迁的分析［J］. 华东师范大学学报（教育科学版），2017（1）: 54-62+120.

47. 林南，沃尔特 ·M. 恩赛尔，约翰 ·C. 沃恩 . 社会资源和关系的力量：职业地位获得中的结构性因素［J］. 国外社会学，1999（4）:14-25.

48. 刘精明，张丽 . 教育的职场价值与教育不平等——中专与普通高中之教育机会不平等变化的对比研究［J］. 清华大学教育研究，2018（1）:10-23.

49. 刘君，王学伟，梁静 . 人工智能时代“教研赛训”工作室人才培养模式的实践［J］. 实验室研究与探索，2020（7）: 258-263+269.

50. 刘磊 . 知识迁移和技能养成 : 对现代职业教育中知识与技能关系的思考［J］. 中国职业技术教育，2015（12）: 80-83.

51. 刘玉照 . 中国新产业工人技能养成难题［J］. 探索与争鸣，2015（8）:35-37.

52. 陆学艺 . 当代中国社会阶层研究报告［M］. 北京 : 社会科学文献出版社，2002.

53. 陆宇正，刘晓 . 职业教育助推产业工人队伍建设：命题解析与行动路径［J］. 中国职业技术教育，2020（18）:86-92+96.

54. 吕妍，梁樑 . 师徒制技能提升模型对隐性知识共享的探讨［J］. 科研管理, 2008（5）: 78-83.

55. 毛齐明，岳奎 . “师徒制” 教师学习 : 困境与出路［J］. 教育发展研究, 2011（22）: 58-62.

56. 孟繁强，杨斌 . 劳动力市场技能形成模式与制造业竞争优势研究［J］. 财经问题研究, 2010（6）: 119-124.

57. 乜勇，王兰兰 . 认知学徒制在高阶思维能力培养中的应用研究——以信息技术课程教学为例［J］. 现代教育技术, 2010（4）: 38-41.

58. 欧阳忠明，韩晶晶 . 雇主参与现代学徒制的利益与权力诉求——基于英国学徒制项目调查报告的分析［J］. 教育发展研究, 2014（11）: 52-59.

59. 全国总工会课题组 . 深入学习贯彻习近平总书记关于工人阶级和工会工作的重要论述［M］. 北京 : 中国工人出版社，2021.

60. 任锋，杜海峰 . 社会资本对受雇就业农民工职业地位获得的作用［J］. 西北人口，2012（3）:61-65+69.

61. 石智雷 . 有多少农民工实现了职业上升 ?——人力资本、行业分割与农民工职业垂直流动［J］. 人口与经济，2017（6）:90-104.

62. 宋亚峰，王世斌，潘海生 . 我国高职院校空间布局：形态、动因与优化［J］. 中国职业技术教育，2018（36）:16-23.

63. 孙琼如 . 流动女性职业地位获得及其影响因素分析［J］. 人口学刊，2014（4）:43-51.

64. 孙玺，李南，付信夺 . 企业师徒制知识共享与转移的有效性评价［J］. 情报理论与实践, 2013（7）: 76-80.

65. 唐世平 . 观念、行动和结果：社会科学的客体和任务［J］. 世界经济与政治，2018（5）:33-59+156.

66. 汤霓，王亚南，石伟平．我国现代学徒制实施的或然症结与路径选择［J］. 教育科学，2015（5）: 85-90.

67. 田丰．逆成长：农民工社会经济地位的十年变化（2006—2015）［J］. 社会学研究，2017（3）:121-143.

68. 王春旭，朱俊．技术复杂性与治理结构 : 技能形成中的校企合作［J］. 教育学术月刊，2018（6）: 48-55.

69. 王存同，龙树勇．能力与出身：个体职业地位获得的机制分析［J］. 江淮论坛，2016（2）:132-137+157.

70. 王洪斌，鲁婉玉．"现代学徒制"——我国高职人才培养的新出路［J］. 现代教育管理，2010（11）: 83-85.

71. 王世安．高职以工作室为基础的现代学徒制研究——以广州工程技术职业学院计算机仿真专业为例［J］. 职教论坛，2013（27）: 14-16.

72. 王筱宁，李忠．企业员工技能培养的实践逻辑——对日本松下电器公司的个案分析［J］. 职业技术教育，2020（21）:24-30.

73. 王星，徐佳虹．中国产业工人技能形成的现实境遇与路径选择［J］. 学术研究，2020（8）: 59-64+ 177.

74. 王星．技能形成的社会建构——德国学徒制现代化转型的社会学分析［J］. 社会，2015（1）: 184-205.

75. 王星．技能形成中的国家、行会与劳工——基于英国行会学徒制演化的社会学分析［J］. 华东师范大学学报（教育科学版），2020（4）: 96-106.

76. 王星．技能形成的社会建构——中国工厂师徒制变迁历程的社会学分析［M］. 北京 : 社会科学文献出版社，2014.

77. 王星．劳动安全与技能养成——一种政治经济学的分析［J］．江苏社会科学，2009（5）:107-113.

78. 王彦军，李志芳．日本劳动力技能形成模式分析［J］．现代日本经济，2009（5）: 41-46.

79. 王彦军．劳动力技能形成及收益模式分析［J］．人口学刊，2008（6）: 49-52.

80. 王艺璇．城市快递小哥的职业流动及其影响因素——基于劳动力市场分割理论的实证研究［J］．中国青年研究，2019（8）:12-18.

81. 王毅杰，董鹏．制度文化认知与职业发展——对劳动者获取专业技能的社会学分析［J］．华东理工大学学报（社会科学版），2019（1）:21-31.

82. 王永章．新常态下供给侧改革与中国产业工人转型发展［J］．河北学刊，2016（6）:130-134.

83. 王振洪，成军．现代学徒制：高技能人才培养新范式［J］．中国高教研究，2012（8）: 93-96.

84. 吴冰，刘志民．技能形成制度对高职产学关系的影响——基于新制度经济学的分析［J］．教育发展研究，2014（Z1）: 59-66.

85. 吴刚，胡斌，黄健，等．新时期产业工人技能形成体系的国际比较研究［J］．现代远距离教育，2019（2）: 52-63.

86. 吴建设．高职教育推行现代学徒制亟待解决的五大难题［J］．高等教育研究，2014（7）: 41-45.

87. 吴俊强，朱俊．结构、治理与效率：跨国视角下技能形成的制度比较［J］．中国职业技术教育，2017（12）: 69-75.

88. 吴清军．国企改制与传统产业工人的转型［D］．清华大学，2007.

89. 徐国庆 . 高职教育发展现代学徒制的策略 : 基于现代性的分析［J］. 江苏高教，2017（1）: 79-84.

90. 徐国庆 . 智能化时代职业教育人才培养模式的根本转型［J］. 教育研究，2016（3）:72-78.

91. 徐国庆 . 我国职业教育现代学徒制构建中的关键问题［J］. 华东师范大学学报（教育科学版），2017（1）: 30-38+117.

92. 许竞 . 试论国家的技能形成体系——政治经济学视角［J］. 清华大学教育研究，2010（4）: 29-33.

93. 严俊杰，秦祖泽，刘迎春 . 工作室共同体 : 现代学徒制的理论重构与路径创新［J］. 中国职业技术教育，2018（35）: 16-19+ 25.

94. 严璇，唐林伟 .“工作室制”高技能人才培养模式初探［J］. 教育与职业，2009（18）: 26-28.

95. 杨超 . 产业工人的地位与劳动价值理论创新［J］. 上海大学学报（社会科学版），2003（1）:15-19.

96. 杨翠蓉 . 美国新教师培养中的认知师徒制［J］. 教育评论，2009（2）: 161-163.

97. 杨菊华 .“代际改善”还是“故事重复”？——青年流动人口职业地位纵向变动趋势研究［J］. 中国青年研究，2014（7）:53-60.

98. 杨子舟 . 新型产业工人技能形成体系的构建研究［J］. 职业技术教育，2019（13）:6-12.

99. 叶鹏飞 . 新时期农民工群体的阶层地位及其保障［J］. 四川大学学报（哲学社会科学版），2019（5）:162-170.

100. 俞文斌 . 基于校企合作的高职院校工作室教学模式探索——以浙江纺

织服装职业技术学院建筑装饰专业为例［J］. 职业技术教育，2019（35）: 34-37.

101. 苑仲达 . 劳动力商品化在社会福利体制研究中的位次［J］. 理论与改革，2014（1）:80-84.

102. 岳福斌 . 中国煤炭工业发展报告（2018）［R］. 北京：社会科学文献出版社，2019.

103. 岳福斌 . 中国煤炭工业发展报告（2019）［R］. 北京：社会科学文献出版社，2020.

104. 张启富 . 高职院校试行现代学徒制 : 困境与实践策略［J］. 教育发展研究，2015（3）: 45-51.

105. 张倩，宁永红，刘书晓 . 新中国成立以来的技工教育：历程、回归与超越［J］. 中国职业技术教育，2017（24）:65-70+80.

106. 张学英 . 人工智能视阈下基于劳动就业迭代的技能形成问题研究［J］. 中国职业技术教育，2018（30）: 17-24，56.

107. 赵磊，张瑞 . 新生代产业工人及其职业教育培养路径研究［J］. 当代职业教育，2019（5）: 99-104.

108. 赵志群，陈俊兰 . 现代学徒制建设——现代职业教育制度的重要补充［J］. 北京社会科学，2014（1）: 28-32.

109. 郑健壮，靳雨涵 . 师徒制综述 : 回顾与展望［J］. 高等工程教育研究，2016（3）: 69-74.

110. 周春芳，苏群，常雪 . 迁移时间是否有利于我国农民工职业地位的提升？——基于职业同化的视角［J］. 南方人口，2019（6）:1-14.

111. 周琳，梁宁森 . 现代学徒制建构的实践症结及对策探析［J］. 中国高教研究，2016（1）: 103-106.

后　记

本书的写作源于我和团队成员2018年在煤炭企业进行的实地调查。2017年2月6日，中央全面深化改革领导小组第三十二次会议审议通过了《新时期产业工人队伍建设改革方案》，对产业工人队伍建设改革进行了全面部署。后来我在为工会干部讲授该主题的培训课程时，结识了不少对这一问题充满兴趣并积极探索的工会干部。来自煤炭行业的工会干部王主席，专门委托我们开展关于煤炭工人队伍状况的调查研究。在他的帮助和支持下，我们团队得以近距离接触煤炭企业，与这些企业的管理人员、技术人员和一线工人进行座谈，了解产业转型升级和工人技能提升的诸多情况。调研之后，我们深切地感受到，煤炭产业和煤炭工人的转型发展正反映了当前中国经济结构优化和产业转型升级的时代变迁，反映了中国产业工人在建设制造强国和社会主义现代化国家的进程中所面临的影响和变化。因此我们决定在此次调研的基础上，进一步拓展分析的空间，去探讨职业教育的发展、产业工人技能升级和职业地位提升等，试图回应新时代高素质产业工人的培养问题，服务于技能型社会的建设和发展，推动形成现代化经济体系，促进产业工人全面发展。

在调查研究的过程中，感谢我们团队成员的辛苦付出。除了本书作者之外，黄帅老师参与了对部分企业的调查工作，并参与调查报告的写作，为本书写作提供了有价值的借鉴。感谢我的研究生黄理朋、李良振，他们在实地调查和资料收集过程中贡献了很多力量。还要感谢王喆、吴岳、吴全兴、贾子怡等本科学生，他们参与了调查数据和资料的后期校对、整理等工作。

本书的写作分工如下：第一、六、七章由叶鹏飞撰写；第二、四章由胡玉玲撰写；第三、五、八章由窦学伟撰写。感谢中国工人出版社的编辑老师，为我们团队提供了很多帮助。

更要感谢支持我们进行调查研究的王主席和诸多工会同人。正是他们的信任和帮助，让我们得以进入煤炭产业发展的实践领域，去接触在生产一线默默付出的煤炭工人，去思考煤炭工人乃至整个产业工人的转型和发展问题。如果这些成果能够引起人们对产业工人转型和发展的更多关注，一定是要归功于他们的支持和付出。

最后，我们深知本书还存在很多不足，从煤炭工人来分析中国产业工人的转型和发展问题，也许只是管中窥豹。在建设现代化强国、建设技能型社会的时代背景下，这一问题还有进一步探讨的巨大空间。恳请读者朋友不吝赐教，共同谋求推动产业工人的全面发展。

叶鹏飞

2021 年 10 月 10 日